人文武术精品书系

勿使前辈之遗珍失于我手

勿使国术之精神止于我身

八极武道

仇宝龙 ◎ 著

北京科学技术出版社

图书在版编目（CIP）数据

八极武道 / 仇宝龙著 . -- 北京 ： 北京科学技术出
版社 ， 2025. -- ISBN 978-7-5714-4615-4

Ⅰ . G852.191.9

中国国家版本馆 CIP 数据核字第 20255PC375 号

策划编辑：胡志华
责任编辑：胡志华　张艳芬
责任校对：贾　荣
图文制作：创世禧
装帧设计：志　远
责任印制：吕　越
出 版 人：曾庆宇
出版发行：北京科学技术出版社
社　　址：北京西直门南大街16号
邮政编码：100035
电　　话：0086-10-66135495（总编室）　0086-10-66113227（发行部）
网　　址：www.bkydw.cn
印　　刷：雅迪云印（天津）科技有限公司
开　　本：710 mm × 1000 mm　1/16
字　　数：208千字
印　　张：14
版　　次：2025年6月第1版
印　　次：2025年6月第1次印刷
ISBN 978-7-5714-4615-4

定　　价：159.00元

前　言

　　众所周知，武术是中华民族的文化瑰宝，已在中华大地上流传了数千年，是劳动人民在长期社会实践中不断学习、积累并逐步丰富完善起来的生存技能之一。随着中国历史与文明的发展，武术历经风雨，去芜存菁，形成了独特鲜明的中华武术文化，承载着伟大的中华民族精神。然而，时至今日，武术文化的传承与大众武术教育的发展仍需有识之士共同努力。

　　作为一名武术爱好者和传播者，我了解到大众关于武术的认知大多源于影视作品、小说，甚至受到一些道德沦丧的伪专家、假大师的误导。这种片面的认知无疑对中华武术文化的传播与发展造成了巨大的甚至是毁灭性的伤害。三十多年来，我深耕武术领域，不断学习、研究、探索与实践，对武术有着深厚情感。如今，我凭借自身体会和有限的技能积累撰写此书，希望能为大众呈现一个全面、真实的武术世界。

　　本书围绕我所传承的八极拳展开，重在阐释其练法、用法。为了方便读者理解，书的插图中用各类线条表示运动轨迹。红色双线箭头表示正确的、直的劲力，金色单线箭头为轨迹指示线，圆虚点箭头则表示弧形、圆形的劲力。

　　因个人学识有限，书中难免有错漏之处，望各位方家指正。

仇宝龙

2024年夏

目 录

| 下 篇 | 走进八极拳

拳外之学

九州之外有八殥，
八殥之外有八纮，
八纮之外有八极。

一、中华武术文化思想之源

武术的起源与演变、传统哲学思想、武德观念，以及武术技艺的传承与发展等方面的内容，共同构成了中华武术文化思想的根源和基础，也是理解中华武术文化、学习武术技能的重要方面。

武术的起源可以追溯到原始社会，当时人类为了生存，在简单的生产劳动、防侵等活动中逐步发展出的生存技能，可以说是武术的雏形。随着社会的发展，原始社会末期，部落之间的争斗逐渐频繁，人们开始有意识地用棍棒等器械作为保护部族、争夺领地的武器，这在很大程度上促进了武术的发展。

随后从夏、商、周到秦、汉、三国，再到元、明、清，直至今天，武术随着历史的发展不断演化，并在不同的历史时期融入了多样的文化思想。

在商代，武艺的传播相当广泛。据一甲骨卜辞载："丁酉卜，其呼以多方小子小臣其教戒。"意思是，在商代，多国（多方）的子弟都来学习武艺兵法。据《说文解字》载，"戒，警也"，其小篆字形上面是"戈"，下面像两只手（即"廾"，意为两手捧物），意思是两手持戈。从中可以看出，这里的"教戒"是指学习武艺兵法。

西周时期，武术的操练上升至国家教育层面，即"礼、乐、射、御、书、数"六艺教育。其中，"射""御"是六艺教育的重要内容。驾车、骑马、射箭成为当时男子的必备技能。在周朝，礼乐与骑射有机地结合了起来，从而使武与礼、德、君子之行紧密地联系在了一起。

《礼记·射义》有言："射者，男子之事也，因而饰之以礼乐也。故事之尽礼乐，而可数为，以立德行者，莫若射，故圣王务焉。"此言意指，射箭之道，乃男子专属之技艺。是以，须以礼乐之精神涵养之。遍观万事，寻一既能彰显礼乐之精神，又可持之以恒、修炼德行之举，无过于射箭。

是以，历代圣王皆极为重视之。

射箭这项武艺技能为何能彰显德行？让我们一同回溯古人的射箭风采。"故射者，进退周还必中礼，内志正，外体直，然后持弓矢审固；持弓矢审固，然后可以言中，此可以观德行矣。"这段文字描绘了射箭者无论进退还是旋转，其行为必须遵循礼仪，内心坚定而冷静。在外形上，他们身姿挺拔，手稳固地持握弓箭，眼神专注而锐利，方能准确命中目标。由此可见，射箭者的每一个动作都映射出他们内在的德行。通过观察射箭者的表现，我们可以判断出他们的道德风貌和品格。

如今，在诸多武术馆的墙壁上，我们常能目睹"习武先习德"这一醒目标语。这句话深刻揭示了德与礼数的教化之间的紧密联系。在三千多年前的西周时代，我们的祖先便已经洞悉了武术、礼仪与道德之间牢不可破的关系。因此，文武兼备、文武结合的教育理念应成为我们现代武术传播者所珍视并发扬的传统。这样的理念有助于习武者在身体、精神与技艺上实现真正的升华。

值得注意的是，争斗与杀伐并非中华武术文化的本质。如今早已不再是那个充满野蛮与原始气息的时代。中华武术文化是在历史的长河中几经演变而逐步形成和完善的。春秋战国时期是一个充满纷争的历史时期，各诸侯国为了争夺土地和臣民，频繁发动战争。在这样的背景下，各诸侯国对武力建设表现出前所未有的重视，习武及尚武成为当时的主流。各诸侯国都寄望通过武艺训练增强军队的战斗力。

《国语·齐语》中载有："有拳勇股肱之力秀出于众者，有则以告。有而不以告，谓之蔽贤，其罪五。"同样，《墨子·尚贤》中也强调了对擅长武艺之人的尊崇与嘉赏，"譬若欲众其国之善射御之士者，必将富之贵之、敬之誉之"，以此激发民众习武的热情。

历史上，魏国的李悝为鼓励民众习射，曾颁布法令："人之有狐疑之讼者，令之射的，中之者胜，不中者负。"此令一出，民众竞相习射，日夜不辍，最终在与秦国的战争中，魏国大获全胜。

《战国策·燕策》中也有记载："其民皆习于兵，不可与战。"可见燕国民众的军事素养之深厚。楚国则实行"因猎求士"的政策，从中选拔骁勇善战的勇士。

无论是秦国的"商鞅变法",推行依军功授田宅,还是赵国的"胡服骑射",抑或是魏国的习射令、楚国的"因猎求士",这些都是国家层面的举措,旨在强化本国军队实力,确保国家在战争中立于不败之地。

战国时期,战争的不断上演使得各国愈发重视军士的个人素养。其中,齐国独树一帜,培养出了被誉为"技击之士"的兵种。《左传》曾记载"齐庄公为勇爵",这揭示了齐庄公设立勇士爵位的决心,让那些在战场上英勇无畏的战士得以荣耀加冕。在齐国的五都之地,这些被誉为"持戟之士"或"技击之士"的勇士,成为反映战国时期军事历史的璀璨明珠。"技击之士"由普通民众经严格选拔和训练而来,是超越常规兵士的优秀战士,也是齐国军事力量的象征。

魏国亦不甘示弱,他们的军阵中出现了"武卒"这一传奇兵种。《荀子·议兵》中详细记载了武卒的选拔标准与奖励机制:"魏氏之武卒,以度取之。衣三属之甲,操十二石之弩,负矢五十,置戈其上,冠胄带剑,赢三日之粮,日中而趋百里。中试则复其户,利其田宅。"

而在遥远的秦国,一支精锐之师"锐士"正悄然崛起。这些锐士不仅剑法高超,还在马战、步战、阵战等多方面展现出卓越的能力。锐士的选拔标准在司马错的主持下不断完善,锐士在魏武卒的基础上,还需全副武装,身负几十斤的装备,包括阔身短剑、精铁匕首、牛皮盾牌等,只有这样才能通过层层考验,最终成为无坚不摧的精锐力量。传说,"十万秦卒出三千锐士",在秦国新军的二十万大军中,仅有一千六百名铁鹰锐士,他们无疑是秦国军事力量的巅峰。

秦国锐士,剑法、马术、阵列皆精通,是秦国选拔锤炼出的精锐部队。《荀子·议兵》中对秦国军力赞不绝口:"齐之技击,不可以遇魏氏之武卒;魏氏之武卒,不可以遇秦之锐士。"

战国时期各国军事人才的选拔与奖励机制,无疑推动了尚武之风的盛行。那群舍生忘死、不慕荣华、不畏权贵,仅凭一腔热血为正义而战的人,便是在这样的背景下诞生的。他们被称作"刺客"或"侠士",他们或因不满国策,或为报国仇家恨,或为报答知遇之恩而战。无论初衷如何,他们都在中华武术历史上留下了浓墨重彩的一笔。比如，专诸刺王僚、聂政刺韩傀、要离刺庆忌、荆轲刺秦王等英勇壮举。从那时起，侠义精神与中华武术文化便紧密相联，侠士的英勇事迹也流传至今。

韩非子作为法家代表人物，在《韩非子·五蠹》中，对游侠的行为及处事方式持批评态度，认为他们破坏法制，但并未深入探讨其精神内涵。司马迁在《史记·游侠列传》中针对"侠"的行为提出了更为严格的评判标准，他列出了四类人，并将其与游侠进行对比：战国四公子，凭借权势和财富招揽天下英才；豪暴之徒，恃强凌弱、欺压百姓；槐里赵王孙，虽有侠义之风，但过于谦逊；民间盗贼。司马迁明确指出，这些人都不能与真正的游侠相提并论。

司马迁认为，虽然游侠的行为有时不合乎当时的法律，但他们言而有信、行而有果、一诺千金、勇于献身，他们救人于危难，却不夸耀自己的本领。这种品德赢得了百姓的尊重和敬仰。

事了拂衣去，深藏功与名。这些游侠的高尚品质在后来的文学作品中，尤其是小说中得到了完美诠释。从清代的《三侠五义》到二十世纪七八十年代的梁羽生、金庸、古龙等武侠巨匠的作品，都深深影响了无数的武侠迷和武术爱好者。侠义精神并非狭隘的暴力与争斗，而是一种为国为民的大爱精神。金庸先生在一次演讲中谈及"当代人最需要继承和提高的是什么"时，明确指出："现在最缺乏的就是'侠义'二字。"广大武术工作者作为武术文化的热爱者和传播者，更应该珍视新时代的侠义精神。那种"先天下之忧而忧，后天下之乐而乐"的大爱精神，正是当下亟须唤醒的侠义精神。侠者，当以忧国忧民、见义勇为、乐善好施的精神为行动准则，并将其发扬光大。这也应是新时代的武者精神。

随着时间的推移、历史的变迁，武术被赋予了更多的文化内涵，与德行、礼仪、侠义联系紧密。总体来看，商周至汉唐是中华武术文化发展的鼎盛时期，也是中华武术文化精神基调的奠定时期。

在这一时期，出现了《孙子兵法》这部兵家经典，它的战略战术思想对传统武术影响深远。无数武术门派从《孙子兵法》中汲取营养，作为其技击理论的指导原则。《孙子兵法》所倡导的智、信、仁、勇、严，实则是武术人常常提及的"武德"的核心思想。在《左传·宣公十二年》中，楚庄王说武有七德，"禁暴、戢兵、保大、定功、安民、和众、丰财者也"。这是对古代战争观念的一种阐述，强调正义的战争应制止强暴、消除战争、维护国家的强大、稳固功业、安定百姓、调和大众、丰富财物。这七德被古人所推崇。

综上所述，当人们有意识地、规模化地参与武术活动时，中华武术文化的核心思想为他们在规矩要求、德行树立、目标明确等方面指明了方向。武术以德为根基，以义为表现。这便是中华武术文化的魅力所在，也是我们在新时代应当继续传承和发扬的精神内核。

二、武道教育是中华武术文化的灵魂

谈到武道，可能多数人会立刻想到韩国、日本的跆拳道、空手道。这并不奇怪，因为中国当前的武术教育确实与韩国、日本等国存在一定的差距。"武道"这个词虽然是日本在近代发明的，但武道教育在中国自古以来就从未缺失。

正清馆馆长郑文龙先生谈及他对武道体系训练的看法时表示："经过二十多年的观察，我发现那些曾接受过武道体系训练的孩子在社会中表现出了极高的适应能力。"对此，笔者深以为然。

然而，要解析当前武术教育中"教"与"育"脱节的原因，并非易事。在笔者看来，其中最为关键的是武道教育模式的日渐衰微，武术的地位受到了挑战。教人与育人本应相辅相成，而现实中二者却未能相互促进，导致武术技法的精进与武术精神的塑造之间存在严重的不平衡。令人痛心的是，如今武术往往被视为"最后的选择"，仅受那些文化成绩差的孩子的青睐，文化成绩优秀的孩子似乎与武术无缘。这种重文轻武的社会形态，与武术教育的相对滞后有着不可分割的联系。

在许多人的认知中，习武之人往往被贴上"草莽""粗鄙"的标签，武术的功能被局限在强身健体的层面，甚至有人认为武术已经失去了其原有的防侵止暴的功能。这种对武术的片面理解，无疑是中华武术文化发展的巨大障碍。我们必须正视并改变这种对武术的误解，只有这样才能真正推动武术文化的繁荣与发展。

在中国人的内心深处，往往潜藏着一个武侠梦。毕竟，中华民族向来是崇文尚武的民族，认为文武双全、习文备武是君子应有的基本素养。从先秦至汉唐，武道教育在中华文化中占据了举足轻重的地位，它以文武并重、崇文尚武为宗旨，展现出中华民族的武术精神，而这一时期也是中华武术文化发展的鼎盛时期。

在这一时期，武术不仅被视为一种技艺，更是一种修身养性、锤炼意志的方式。它教会人们在面对困难和挑战时如何保持冷静和坚定，如何在生活中秉持正义和公正。正是这种深厚的文化底蕴，使得武术在中国传统文化中占据了不可替代的地位。

如今，尽管时代变迁，但中国人对武术的热爱和崇尚不减。许多人仍然将武术视为一种追求身心健康、提高自我修养的方式。无论是在城市还是乡村，都可以看到练习武术、弘扬武术精神的人。这种精神不仅仅体现在个人身上，更成为整个民族的精神象征。

因此，可以说，在中国人的心中，武术不仅是一种技艺，更是一种文化、一种精神。它代表着中华民族的勇气和智慧，展现着中华民族的独特魅力。无论是历史上还是现代社会，武术都以其独特的魅力吸引着人们的目光，成为中华文化的重要组成部分。

然而，自宋朝开始，封建专制主义逐渐加强，实施"崇文抑武"的国策，尚武之风逐渐减弱，文武并重的局面严重失衡，这一现象一直延续到明、清时期。这种转变导致民族性格从崇文尚武转向了崇文抑武，武道教育被中断，武士精神逐渐遗失，这是中华传统文化的重大损失。

梁启超先生在《中国之武士道》一书中写道："泰西日本人常言，中国之历史，不武之历史也，中国之民族，不武之民族也。呜呼，吾耻其言，吾愤其言，吾未能卒服也。"毛泽东主席在1917年的《体育之研究》中也指出："国力荼弱，武风不振，民族之体质日趋轻细，此甚可忧之现象也。"意拳创始人王芗斋先生则在《拳道中枢》开篇就明确指出："拳道之大，实为民族精神之需要，学术之国本，人生哲学之基础，社会教育之命脉。其使命要在修正人心，抒发情感，改造生理，发挥良能，使学者神明体健，利国利群，固不专重技击一端也。"由此可见，武道教育对民族精神和民众福祉有着至关重要的影响。

在《中国之武士道》一书中，梁启超先生深情地写道："我神祖黄帝，降自昆仑，四征八讨，削平异族，以武德贻我子孙。自兹三千余年间，东方大陆，聚族而居者，盖亦百数，而莫武于我族。"这份武士道精神本是我中华先民的瑰宝，它体现了那种"力拔山兮气盖世"的英勇、"三千越甲可吞吴"的坚韧，以及"楚虽三户，亡秦必楚"的决绝。这种民族精神不仅是中华武术文化的灵魂所在，更是中华民族的灵魂所在！重拾武道教育，重振武士道精神，我们将再次感受到这份独特的文化魅力和精神力量。

三、武术文化的多样性

武术，这颗璀璨夺目的明珠，闪耀在中华传统文化的浩瀚星空中，被世人尊称为"国粹"与"国宝"。经过数千年的岁月洗礼，它凝聚了中华文化的精髓，逐渐演变成一套博大精深、独树一帜的武学体系，成为世界上独一无二的武术文化。

习练武术，不仅仅是对武术技艺的追求，更是一场深度探寻武术背后历史与文化内涵的心灵之旅。中国的武术与历史、文化紧密相联，如血脉般不可分割。唯有从历史和文化的角度深入品味，我们才能真正领略中华武术文化的博大精深，感悟其独特的魅力。

为了全面领略中华武术文化的丰富多彩，我们必须正确理解和认识其多样性。只有这样，我们才能从中汲取丰富的养分，为自己的学习、工作和生活注入更多的活力与智慧。

儒家文化

孔子曾明确提出："有文事者必有武备，有武事者必有文备。"这一观点在当时的儒家弟子中得到了广泛认同，孔子本人便是这一理念的杰出践行者。据《史记·孔子世家》记载，"孔子长九尺有六寸，人皆谓之'长人'而异之"。他不仅精通文道，更擅长武艺。

《礼记·射义》中记载，"孔子射于矍相之圃，盖观者如堵墙"，足以见证孔子射术之高超以及当时民众对射箭的热衷。同时，《淮南子·主术训》中赞誉孔子"智过于苌宏，勇服于孟贲，足蹑郊菟，力招城关"，展现了孔子智慧超群、勇武非凡的形象。

《列子·说符》将孔子与墨子并提，评价孔子道："孔子之劲，能拓国门之关，而不肯以力闻。"这意味着孔子的力气足以举起国都城门的门闩，但他没有炫耀，这也体现了孔子对武道教育的独特见解。

在《孔子家语》中，记载了一则孔子教导弟子子路的故事。子路身穿戎装向孔子展示剑法，询问古人是否以剑自卫。孔子回答道："古之君子，忠以为质，仁以为卫，不出环堵之室，而知千里之外。有不善则以忠化之，侵暴则以仁固之，何持剑乎？"子路听后，深感敬佩，表示愿意虚心受教。这一故事不仅展示了孔子的智慧和仁爱，也体现了他对武术与人文精神的深刻理解。

孔子的众多弟子中，不乏勇敢之士，子路便是其中的佼佼者。据传，子路在战场上曾展现出坚毅的勇武精神，甚至在临终前仍不忘整理冠巾，体现了"勇者无畏"的精神以及对礼教的坚守。正如《礼记·冠义》所云："冠者，礼之始也。"子路身为孔子的嫡传弟子，其行为举止充分展现了儒家学派勇武和礼仪并重的特点。

孟子在与公孙丑谈论勇气时，曾提及北宫黝与子夏的相似之处。北宫黝在修炼勇气时，即使遭受肉体上的折磨，如肌肉被刺，也不动摇；即使眼睛被戳，也能保持镇定，不为所动。而子夏则在卫君受辱的紧急关头，毫不犹豫地挺身而出，勇敢地与赵简子对峙，并以"颈血溅君之服"相威胁，守护了卫君的尊严和儒家的道义。这种勇武知礼、舍生取义的侠义精神，正是儒家弟子所追求和传承的。

子路和子夏的故事，不仅展现了儒家弟子在勇武方面的风采，更突显了他们对礼教和道义的坚守。他们的行为，既彰显了儒家的勇武精神，也体现了他们对儒家价值观的深刻理解。这些故事对今天的我们来说，仍然具有深刻的启示意义，提醒我们在追求个人成长的同时，也要坚守道义和礼仪，成为有品质、有担当的人。

"知者不惑，仁者不忧，勇者不惧"，此乃儒家思想之精髓。孔子周游列国，矢志不渝地推行儒家治国之道，在其振聋发聩之论中，有一条便是极力倡导培养国民的尚武精神。孔子早在鲁国任大司寇时，便力劝鲁定公："有文事者，必有武备。"《论语·子路》亦云："以不教民战，是谓弃之。"由此可见，儒家对武事之操练与国民尚武精神之塑造，始终秉持重要理念。故彼时的儒者，绝非今日世人眼中之孱弱书生。

孔子所创立的儒家文化，历经两千余年，至今仍深深植根于中华民族之精神中。孔子以"六艺"——礼、乐、射、御、书、数——为教育内容，其中礼、乐与武舞、武术紧密相联，射更是武术之精髓。儒家文化之核心观念——仁爱，不仅为中国武术伦理思想之基石，亦构成武德之重要部分，成为习武者修身养性、塑造人格之途径。

道家文化

道家文化及其学派，以老庄学说为基石，构筑起中国本土教派——道教的理论大厦，并对中国传统文化的各个领域产生了深远的影响。道家思想的精髓在于"道"，"道"被视为宇宙之根源，是统治宇宙中一切运动的法则。这一思想可概括为"道法自然"与"无为而治"。道家倡导清静无为，反对争斗，主张包容万物，与自然和谐共处，亦即"顺应自然"。

这种无为、不争、天人合一、道法自然的人生哲学，对中国武术的众多门派产生了深远的影响。在一定程度上，它促进了武术的发展，然而，在某些情况下，也导致了武术偏离其技击的本质。这一现象在明清时期尤为明显。一些武术流派，特别是太极拳派，对道家思想产生了误解，因此道家思想对其产生了消极的影响。这种误解源于对道家思想的错误解读，这使得许多武术门派在追求道家哲学的过程中迷失了方向。

道家"无为而为"的哲学理念被引入武术训练中，使得手段与目的逐渐疏离。人们对体力、精神、招式技法、反应速度等核心训练的重视程度有所减弱，而更多地注重内在的意识思维与自我放松，尤其是"反者道之动，弱者道之用"以及"天下之至柔，驰骋天下之至坚"的观点，深深地烙刻在内家拳各流派的理论之中。

在现代社会中，许多中国传统武术门派逐渐偏离了技击的本质，转而更注重养生与修身的内在修炼。然而，对习武者来说，技击的实用性是他们无法回避的课题。

这种情况也为一些冒充武术家的人提供了可乘之机，他们利用先哲的哲学理论编造出所谓的"绝世神功"，欺骗大众，以满足自己敛财和扬名的私欲。这无疑给武术界带来了极大的混乱。

东汉时期，张道陵以道家思想为基石创立了道教。尽管道教与道家紧密相联，却各自承载着不同的意涵。道家，作为一种哲学思想，深刻地影响着人们对世界的认知和理解。而道教，作为一种宗教，拥有自己独特的信仰体系和宗教活动，它提倡修行，追求得道长生。

道教，这个庞大的宗教体系，不仅汲取了道家哲学，将其作为理论基础，还融合了众多领域，包括鬼神仙说、占卜巫蛊、神仙方术、易经、养生、医药学、气功武术以及各种斋醮科仪等。总体而言，如果说道家思想为中华武术文化提供了思想意识的引导，那么道教则依托《易经》等经典，具体地阐释了阴阳、五行、八卦、太极等理论，对内家拳理论产生了深远影响。

武术技理以五行、八卦、阴阳、太极等道家所尊崇的理论为指导，这成为中华武术文化的一大特色。举例来说，宋代理学的奠基人之一周敦颐的《太极图说》的理论根源就是道家的内丹理论。中华武术文化在历史的长河中不断演变和发展，融入了众多理念学说。因此，对学习武术的人来说，了解武术文化的演变和内涵至关重要，这样才能更有效地从武术中汲取精华，避免徒劳无功。

墨家文化

墨家文化，源自春秋战国时期的墨翟，人称墨子，曾与儒家文化平分秋色，被尊称为显学。尽管在汉朝董仲舒建议汉武帝推行"罢黜百家，独尊儒术"的政策下，墨家文化一度断绝，但其对后世的深远影响不容忽视。墨家思想的核心在于兼爱，它挑战了儒家所推崇的社会等级观念。墨家的"兼相爱，交相利"理念，倡导人们以互助互爱的精神对待他人。除了兼爱的核心思想，墨家的尚贤、非攻、非命等思想主张对武术文化乃至武术中的侠文化也产生了深远的影响。可以说，在大众心目中，武者侠士的形象与墨家弟子的原型紧密相联。

墨子的思想在战国时期极为盛行，他的追随者遍布四海，这都得益于墨子本人深邃而实用的济世理想、崇高的人格魅力、丰富多样的思想体系，以及他精心编纂的教材。这一切形成了一个坚固且具有宗教精神的团体，而这或许正是中国武术以门派形式出现的历史渊源。

墨子之后，墨家分化为两派。一派专注于对自然科学、逻辑思辨法则与认识论的研究；而另一派则致力于实现墨子的平等兼爱理念，逐渐演变成劫富济贫的游侠行动。这种以大义为指导的任侠精神，对中国数千年的侠文化的发展起到了至关重要的作用。后世的军民在面对外来侵略时英勇抵抗，以及侠士们看到不平事就义愤填膺地站出来，这些精神的源头都可以追溯到墨家。

《淮南子·泰族训》中记载："墨子服役者百八十人，皆可使赴火蹈刃，死不还踵，化之所致也。"儒、墨两家都重视"义"。孔子曾说："义者，宜也，尊贤为大。"韩非子也说："义者，君臣上下之事，父子贵贱之差也，知交朋友之接也，亲疏内外之分也……义者，谓其宜也，宜而为之。"然而，墨家对"义"的理解则有所不同，他们认为"义，利也"。墨家所强调的"利"，并非个人的私利，而是对天下有利的"利"。孟子对此也有高度评价："墨子兼爱，摩顶放踵利天下，为之。"

在中国古代，"义"的含义在不同人群中有所不同。儒家所倡导的"义"更多地被士大夫阶层所推崇；而墨子的"争一言以相杀，是贵义于其身也。故曰：万事莫贵于义也"则更受江湖人士的青睐。因此，我们需要明确的是，墨家的"侠义"是建立在利于天下、利于大众的基础上的，并非盲目的争勇斗狠。在当今法治社会，举报贪官污吏、揭露丑恶黑暗、见义勇为等行为，都可以说是墨家思想中的"侠义"。

墨家主张"尚力而非命"，在强调人们通过劳动和进取得以生存的同时，也鼓励武术人通过艰苦训练提升技艺和修为。这与传统武术思想体系中"尚德轻力""尚意轻力"的思想形成鲜明对比。孟子曾说："以力服人者，非心服也，力不赡也；以德服人者，中心悦而诚服也，如七十子之服孔子也。"太极拳中的"尚意不尚力，四两拨千斤，以柔克刚"理论体现了道家学说中"顺应自然"和"贵柔"的理念。而武术中"一胆，二力，三功夫"的务实态度则直接源于墨家思想。墨子提倡尚力非命，鼓励人们不屈服于命运。《墨子·非命》中明确指出："夫岂可以为命哉！故以为其力也。"《墨子·尚贤》中也提道："有力者疾以助人。"韩非子也在《韩非子·五蠹》中提道："上古竞于道德，中世逐于智谋，当今争于气力。"

墨家对"力"的定义独具匠心，它指的是物体由静止转为运动，并持续加速的推动力。《墨子·墨经》有云："力，刑（形）之所以奋也。"张岱年先生在解读这句话时，认为力代表了人体生理的效能。这种"尚力"的哲学思想，与武术技击的纯粹与质朴不谋而合。观察"武卒"和"锐士"的选拔过程，我们不难发现，力量是他们不可或缺的素质。在与人对决的过程中，若想战胜对手，就必须"尚力"。它是武术运动得以立足的基础条件，是每一个武术爱好者不可或缺的内在驱动力。

总的来说，墨家的"尚义任侠"精神为中华武术文化增添了丰富而独特的色彩。在盛唐时期，任侠精神已深深植根于社会生活之中，这从当时诗人们对那些英勇无畏、武艺超群的游侠勇士的赞美中可见一斑。这些勇士们驰骋江湖、纵横猎场，他们的英勇和胆气成为人们精神财富的重要组成部分。

李白的诗句"酒后竞风采，三杯弄宝刀。杀人如剪草，剧孟同游遨。"展现了一种豪迈的任侠精神。同样，王维的"新丰美酒斗十千，咸阳游侠多少年。相逢意气为君饮，系马高楼垂柳边。"也描绘了游侠们的豪爽气概。这些诗人们用他们的笔墨，讴歌了任侠精神的伟大和崇高。

然而，令人遗憾的是，自宋代开始，国策转变为"偃武修文"，重视文化教育而轻视武艺培养。这使得射御技艺被视为粗鄙之事，侠与士的阶层也彻底脱节。那种豪侠风骨，那种道之所在、义之所当、情之所钟、兴之所至的精神，也随之消失在历史的长河中。尽管如此，盛唐时期对任侠精神的热烈赞美和讴歌，仍在中国诗歌史上留下了浓墨重彩的一笔。

释家文化

谈及中国的武术文化，人们常会联想到"天下武功出少林"。然而，这并非对中国武术发展的全面概括，而更像是对少林武术文化的一种赞誉。少林功夫在中国武术历史长河中十分独特，它是武术与禅宗文化的完美融合。在佛教传入中国之前，中国武术已拥有悠久的历史。

自夏、商时代起，武术被称为拳勇、手搏、相高、角力或斗勇；春秋战国时期则演变为技击、相搏或手战；到了秦、汉、三国时代，则被称作武艺、角抵、手格；两晋、南北朝时期，武术进一步被命名为武术、武艺、讲武、拍张、相扑、角抵或拳法；而到了隋、唐、五代时期，它又被称为武艺、拳捷、试扑、手搏、角抵戏、相搏或相扑；宋、元时代，武术被称为武艺、武事、角力。值得注意的是，少林武术的起源与少林寺首位住持跋陀和禅宗始祖达摩并无直接联系。

"天下武功出少林"这一说法，实际上是对少林僧人在修行过程中，将中国武术技能融入身体锻炼，同时将佛家禅宗思想植入武事活动这种文化交融现象的赞誉。达摩在少林修行之初曾言："灵魂欲其静而悟，躯壳则欲其健而通。非静则无以证悟而成佛，非健则无以行血而走气。故体须勤劳得中，使筋畅神怡，而后灵魂无拘滞瘘弱之苦。"他阐述了武术锻炼与修禅的紧密联系，而僧众每日坐禅参悟，日久自然会影响他们的身心。

中国最早的医学典籍《黄帝内经》中的《素问·宣明五气》有言："久视伤血，久卧伤气，久坐伤肉，久立伤骨，久行伤筋，是谓五劳所伤。"这说明了若久坐不动，脾运将受困，肌肉将失去充养而受损。少林寺僧众深知其危害，因此以武术锻炼来消除禅修久坐带来的疲惫。这种动静结合、禅武一体的武术练习方式，逐渐形成了少林武术的特色，并为中国武术文化注入了新的活力。

然而，武术本身所带有的杀伐、暴力属性，与佛教的"诸恶莫作，众善奉行，自净其意，是诸佛教"的思想相悖。在《武术理论基础》（人民体育出版社1997年7月出版，由全国体育院校教材委员会编写）一书中，武术文化被分为"器物技术层""制度习俗层""心理价值层"三个层面，这为我们解释了武术与佛教能够互通互融的原因。其中，"器物技术层"是最表层的结构，主要涵盖武术技术和器械等内容。虽然这个层次中的兵器与搏杀手段和佛教教义相悖，但它们又是武事不可或缺的部分。因此，佛教禅宗在"制度习俗层"与"心理价值层"上均进行了深入的融合，实现了武术与佛教的和谐共存。

少林寺，作为中国佛教禅宗的圣地，不仅见证了禅宗成为中国佛学之根的历程，还以其独特的修行方式塑造了一种卓越的文化——少林武术。禅宗主张明心见性、顿悟成佛，它融合了参禅修行与武术锻炼，旨在强健身体、抵御外敌、保护寺院。这样，武术与参禅悟道相互融合，形成了独特的少林武术文化。

少林寺的住持释永信，于2001年提出将"少林功夫"申报为"世界非物质文化遗产"时，解释道："少林寺申报的是功夫，而非单纯的武术。功夫是一种修行，是一种参禅的方式。真正的练功夫，是为了改变一个人的内在品质。"

在制度和习俗层面，佛教禅宗与中国的儒家思想共同影响了中国武术文化中的武德观念。据《佛教持诵必要》记载，最早的成文戒律有五条，即不杀生、不偷盗、不邪淫、不妄语、不饮酒。与此相应，少林武术的"十禁约"也体现了这些价值观，并更加突出了武德的重要性。这"十禁约"包括：禁叛师、禁异思、禁妄言、禁浮艺、禁盗窃、禁狂斗、禁违戒、禁抗诏、禁欺弱、禁酒淫。

2020年，释永信为习练少林功夫者撰写并制定了练功"十戒约"。他写道：

戒为菩提本，也是武德根。想我少林，立世千载，不为无因。今吾顺承古意，赓续前言。恳为诸子，略叙鄙怀。其约如下：

一戒叛师，凡少林弟子，须尊师守礼，明道为先；法贤进德，至善是念。

二戒忘恩，凡少林弟子，当孝恩是膺，济报有常；伤亲害友，雷怨众迁。

三戒诸恶，凡少林弟子，当净意择善，律己从道；杀盗淫妄，功德尽捐。

四戒浮艺，凡少林弟子，当虚己勤习，抱朴专艺；博识凝神，心沉自雄。

五戒偏执，凡少林弟子，须体用兼备，明体达用；禅武并重，宗风乃彰。

六戒怠惰，凡少林弟子，须敬事不辍，信理不馁；朝夕精练，久久为功。

七戒欺斗，凡少林弟子，禁逞强斗狠，恃技辱人；狂心戾气，必招悔恨。

八戒帮派，凡少林弟子，实同袍连枝，气属一体；挟私阴聚，伤吾浩然。

九戒毁他，凡少林弟子，当和敬同道，砥砺共进；自赞毁他，当知是耻。

十戒抗诏，凡少林弟子，当心系大义，有召必应；苟利众生，忘身如归！
凡此十戒，自度度他，当遵不犯，志心恒念！

少林武术堪称世界宗教史上的一大奇迹，以技击为核心的武术与佛教的教义看似格格不入，却最终和谐共存，这背后离不开佛教与中国深厚本土文化的紧密结合。其中的"戒叛师""戒忘恩""戒抗诏"等戒律，正体现了对中华文化中儒家思想的尊崇——天地君亲师。而"戒诸恶""戒偏执""戒毁他"等则是佛教思想的精髓所在。这些思想也在武术中留下了深刻的烙印，形成了"尚德不尚力，重守不重攻。推崇道德，不尚武力，惩恶扬善，自卫为本"的宗旨。

江湖文化

中国武术文化在宋代以前，深受中国社会主流文化的熏陶和影响，武艺精湛的人在社会上享有崇高的地位。然而，随着封建专制日益加强，宋朝推行崇文抑武的政策，导致武人的社会地位逐渐下滑。随着这种重文轻武的社会意识形态的普及，习武者的社会地位愈发边缘化，生存空间也日益缩小。许多人因此被迫流落市井，从此武术界便与"江湖"结下了不解之缘。

明末清初的教育家颜元认为宋、元理学家们推行崇文抑武的政策给国家、社会造成了极大的危害，他对此深恶痛绝："朱子重文轻武……其遗风至今日，衣冠文士羞与武夫齿，秀才挟弓矢出，乡人皆惊，甚至子弟骑射武装，父兄便以不才目之。长此不返，四海溃弱，何有已时乎？"宋真宗时，代州进士李光辅善击剑，诣阙。帝曰："若奖用之，民悉好剑矣。"遣还。

李光辅，这位文才横溢的进士，同时亦是剑术高手，可谓文武双全之才。然而，大宋朝廷对此并不以为喜，反而心生忧虑，最终将李光辅遣返回乡。这一事件，恰恰揭示了当时崇文抑武风气之严重。因此，许多身怀绝技的豪杰壮士被迫流落江湖，无所依托。

我们今天所谈论的江湖文化，正是从那时开始悄然兴起的。《当代汉语词典》对"江湖"一词有两种解释。其一，它指的是那些靠卖艺、卖药、算命等为生、四处漂泊的人。其二，江湖泛指五湖四海的风土人情。这种独特的文化现象，既包含了流浪者的辛酸与坚韧，又体现了各地文化的交流与融合，为我们留下了宝贵的历史遗产。

"江湖"一词，原本指广袤无垠的江河湖海。此词最早见于《庄子·内篇·大宗师》："相濡以沫，不如相忘于江湖。"范仲淹在《岳阳楼记》中也提及了"江湖"："居庙堂之高，则忧其民；处江湖之远，则忧其君。"在这里，"庙堂"指的是朝廷，而"江湖"则象征着民间社会。《江湖文化》一书的作者闫泉先生写道："江湖是与正统社会相对立的一个秘密社会。这个秘密社会不一定有完全统一的组织形式、固定的法律规范，但它有形形色色的人物、五花八门的团体、相对稳定的规矩和道义原则、稀奇古怪的语言，它们共同构成了江湖这一充满神秘色彩的奇异世界。"

江湖不是一个地域，从地域上根本无法找到它。也就是这样一个充满神秘色彩的"江湖"，给中国武术戴上了神秘的面纱，并在人们的认知里给武术增添了很多不可思议的因子，而人们至今也无法认清武术的真实面貌。

想要深入探索江湖文化的精髓，就必须先理解构成它的多元要素。"江湖"这个词已不再局限于单纯的江河湖海的广阔领域，而是一种充满神秘色彩、无法触摸却又真实存在的文化现象。它渗透到社会的每一个角落，涵盖了几乎所有行当，也就是我们常说的"三教、九流、五行、八作"。

三教，指的是儒教、佛教和道教这三大传统宗教，它们各自承载着深厚的文化内涵和信仰体系。九流，则涵盖了儒家、道家、墨家、法家、名家、杂家、农家、纵横家、阴阳家九种不同的学术流派，这些流派在不同历史时期对社会产生了深远影响。九流又分为上九流、中九流和下九流，其中上九流包括帝王、圣贤、隐士、童仙、文人、武士、农、工、商；中九流包括举子、医生、相命、丹青、书生、琴棋、僧、道、尼；下九流则包括师爷、衙差、升秤（秤手）、媒婆、走卒、时妖（巫婆及拐骗妇女儿童的人）、盗、窃、娼。五行包括车行、船行、店铺行、脚行、衙役行。八作包括金匠、银匠、铜匠、铁匠、锡匠、木匠、瓦匠、石匠。

这些行当和职业不仅反映了古代社会的丰富多样性，也展示了人们在各个领域的智慧和创造力。通过了解"三教、九流、五行、八作"，我们能够更加深入地体会到江湖文化的独特魅力和无穷内涵。

在江湖上，众多行业和学派交织成一幅绚烂多彩的画卷，共同勾勒出社会风貌的独特韵味。要想深入探索江湖文化的精髓，就必须沉下心来，去细细品味这些行当的内涵与风采，感受它们所蕴含的深邃智慧与无穷魅力。

江湖文化不完全等同于侠义文化。《水浒传》第七十一回描述了江湖文化的特点："其人则有帝子神孙，富豪将吏，并三教九流，乃至猎户渔人，屠儿刽子，都一般儿哥弟称呼，不分贵贱。"这展现了江湖文化的广泛性和包容性，它会聚了各阶层、各职业的人，他们共同构成了一个错综复杂而又充满神秘色彩的世界。

江湖，自古便是充满人际纷争的世界。在这个充满矛盾与纠葛的世界里，武术人磨砺出了自己的生存智慧。门派、帮派、教会、社团等组织应运而生，这些团体成为武术人在江湖中立足的基石。尤其在明清时期，各种武术门派如雨后春笋般崭露头角。这些帮派组织，大多建立在泛家族主义的基础之上，通过利益交换或资源共享来维系关系，构建出一个个独特的小团体或小圈子文化，共同应对江湖的风风雨雨。例如，身为走镖护院的武师，不仅需要拥有高超的武艺，更需擅长处理人际关系。而那些以打把式卖艺为生的江湖人，则必先对各方势力表示敬意，以免惹来不必要的麻烦。

在江湖这个大染缸中，分化成为不可避免的趋势。其中，一部分武术人具有强烈的社会责任感，他们怀揣爱国爱民的情怀，坚定地秉持扶贫济困、惩恶扬善的侠义精神。他们机智勇敢，为了国家的昌盛和民族的复兴，不惜抛头颅、洒热血，成为时代的英勇典范。

然而，也有些人在这江湖中逐渐迷失了方向。他们受到不良规则的侵蚀，沦为流氓恶棍、土匪强盗。他们丧失了人格的底线，不惜坑蒙拐骗，蝇营狗苟，混迹于社会的阴暗角落。

这样的分化使得武术人群体更加多元化，同时也突显了人性的复杂性和选择的重要性。如今，在这个充满挑战和机遇的时代，我们期待更多的武术人能够坚守自己的信仰和原则，为社会的和谐与进步贡献自己的力量。

江湖文化对武术技术理念的影响并不显著，它真正影响的是武术人的价值取向。作为有志向的武术人，我们肩负着重要的责任，那就是剔除江湖文化中的糟粕，汲取其中的精华，尤其是要摒弃那些危害社会的丑陋思想，以净化社会环境。这是我们作为武术人应有的良知和担当。

小结

中华武术，源远流长，植根于博大精深的中华文化之中。在历史的长河中，它早已超越单纯的杀伐与征战，演变成一种独特的文化集合体，其中融入了众多的传统文化思想和理念。武术犹如一座丰富的宝库，每个人都能在其中找到令自己心动的瑰宝。

如今，武术已逐渐融入人们的日常生活，成为一项备受欢迎的体育运动。它虽属于体育范畴，但其内涵远远超越了体育本身。在众多的体育项目中，武术所蕴含的深刻智慧和人生哲理独树一帜，与中国的古典哲学、政治伦理、军事思想、文化艺术、医学理论以及社会习俗等紧密相联，共同勾勒出中华文化的宏伟画卷，从侧面展现出中华文化的基本特质。

越来越多的武术爱好者投身于这项体育运动，或许起初他们只关注武术的技击性和健身效果，然而，在深入理解了武术文化的丰富内涵后，他们会发现，武术不仅仅是防身自卫、强身健体和养生之道，更能加深习练者对生活的理解并为其指引方向。潜藏其中的智慧和力量，将在人们的工作、学习和日常生活中发挥积极的影响，让人受益无穷。

四、八极拳的命名

八极拳，作为中国武术的璀璨瑰宝，承载着深厚的历史文化价值。然而，关于其源流的探索，始终迷雾重重，令人莫衷一是。无数专家、学者竞相探索，却未能达成共识。作为八极拳的第八世传人，笔者深感责任重大，不敢妄下定论，只能将前辈们的研究成果进行精心整理，以飨读者，期待有识之士能共同探索，揭开八极拳源流的神秘面纱。

刘云樵先生于1983年在中国台湾出版的《八极拳术图说》一书中提出，"巴子拳"便是八极拳。他根据明朝戚继光在《纪效新书·拳经捷要篇》中的记载"杨氏枪法与巴子拳棍，皆今之有名者"，进一步阐释"'巴子拳棍'便是八极拳"。他详细论述道："八极拳是现今著名的拳法之一，流传于河北省的沧县、盐山县、南皮县及山东省的宁津县一带，其发源地在沧县东南乡。民间称之为巴子拳，'巴'读作'耙'音，是'耙'字的简写。八极，意在勉励门中弟子勤奋刻苦，将本门武术修炼至极致。此为其一。再者，本门训练注重头、肩、肘、手、尾、胯、膝、足八字，要求弟子们对这八个部位勤学苦练，力求达到极致。此为其二。西汉淮南王刘安在《淮南子·坠形训》中写道，九州之外有八殥，八殥之外有八纮，八纮之外有八极。本门所练的劲力，名为'十字劲'，意指劲力向四面八方扩张，尽可能达到极致。"这便是刘云樵先生对八极拳的理解。

对此，马明达先生在其《武学探真》一书中提出了不同的观点。他认为，戚继光在《纪效新书·拳经捷要篇》中提到的"巴子拳棍"指的是流行于四川的拳棍，而非现今的八极拳。他指出，《纪效新书·拳经捷要篇》中提到的"吕红八下"可能才是八极拳的真正所指。他解释说，西周时期有"巴子国"，在今四川境内，后代多称四川人为"巴子"或"四川巴子"，因此，"巴子拳棍"很可能与四川有关。此外，马明达先生还指出，《纪效新书·拳经捷要篇》中提到了"吕红八下虽刚，未及绵张短打"，说明吕红的武艺刚猛，主要有八大招式。同时，明朝唐顺之的《武编》中提到的

"吕短打六套"，可能与八极拳的"六肘头"或"六大开"有关。他认为，史料中记载的吕红武艺的三个要点——八下、刚、短打六套，与现今八极拳的八大招、动作刚猛、六大开相吻合，因此，现今的八极拳可能就是明代的"吕红八下"。这是马明达先生对八极拳的解读。

笔者认为，因吕红八下与八极拳的风格相似就将其视为八极拳的来源，这一观点略显牵强。

在北方，武术被称为"把式"，而习武之人则被称为"八（把）式匠"或"练八（把）式的"。在武术界有一种流传甚广的说法，即八极拳乃武术中"把式"一词的雅称。此外，八极拳还有其他几种不同的名称，如八技拳、八忌拳、把计拳、耙子拳等。这些名称发音相近，但鉴于其中几个名称略显不雅，后来便统一称八极拳，以使这一武术流派的名称庄严、典雅。

笔者认为，此拳术初时并未拥有名字，被称为"异术"，而后由吴钟为其命名，此观点更具可信度。

据武谱与《沧县志》所载，吴钟，字弘声，生于康熙五十一年（1712年）三月初六辰时。吴钟自幼聪颖过人，八岁入学，十五岁便弃文从武，勤奋刻苦，无论寒暑，均不懈怠。

雍正五年（1727年），他拜云游高人讳癞为师，次年再受癞之徒癖指导大枪术，故门内有"受业于癞而精于癖"之说。雍正十三年（1735年），吴钟只身赴少林寺比武，因其技艺卓越，被誉为"神枪吴钟"，此后，吴钟开始在京城传授武术。乾隆四十年（1775年），六十三岁的吴钟返回故乡孟村，侍奉母亲，尽心尽孝，并设场传授技击之异术。

至乾隆五十五年（1790年），七十八岁的吴钟担忧此异术失传，遂命其女吴荣撰写谱书，制定谱规，将所习之异术正式命名为"八极拳"。

在武术世系谱中，吴钟并未自封为一世，而是尊癞为一世，癖为师兄。至于吴钟的师承来源，至今仍是待解之谜。吴丕清先生认为，吴钟当时可能因师承无门而自立，为避免非议和减少压力，采取了托古的策略，实际上并无癞与癖二人。

经过多方考证，笔者认为，八极拳极有可能是吴钟在多位师父的指导下，结合自己的武术实践经验，将各家之长、各家之思融为一体而创立的。

而选用"八极"一词来命名这一独特的武术流派,其寓意深远,值得我们深入研究和探讨。这对八极拳未来的发展和传承具有至关重要的意义。中国近代著名的爱国武术家马凤图先生曾对此表示:"那位选用'八极'一词的人,其智慧与才情可谓出类拔萃,定是一位文武双全、学识渊博的大家;其取义之深刻,用词之巧妙,在中国古代武术的众多拳种中,堪称独树一帜。"

"八极"一词,在我国悠久的传统文化中,象征着无尽的宽广与辽阔。这一词早在两千多年前就已出现于古代文献中。它首次出现在《庄子·田子方》中:"夫至人者,上窥青天,下潜黄泉,挥斥八极,神气不变。"这里的"至人"指的是思想或道德修养登峰造极的人,他们如同德艺双馨的巨匠,艺高人胆大,能够在青天之上、黄泉之下自由驰骋,神情始终泰然自若。

杨伯峻先生在《列子集释》中引用了西晋郭象的注解:"挥斥,犹放纵也。夫德充于内,则神满于外,无远近幽深,所在皆明,故审安危之机而泊然自得也。"这不正是描绘了一个武者应有的风采吗?马凤图先生的儿子马明达先生对此进行了深入解读:"一个人,'德'充实于内,就必定'神'表露于外,然后不管在什么样的条件下都能神志清明,看得清楚,进而能够'审安危之机而泊然自得',这就是'挥斥八极,神气不变'的境界。"这段话堪称拳经,亦可作为八极拳家的箴言反复品味,相信真正的武术家定能从中汲取到无尽的智慧。

八极桩法中也有类似的描述:"脚踏黄泉头顶天,两肩下塌气要含。怀抱婴儿肘顶山,眼放豪气八极远。"这恰恰展现了德充于内、神表于外、顶天立地、虚怀若谷的武者形象。这样的境界,应该是每一个习武之人所追求的目标。

刘安在《淮南子》中将国家行政区域称为"九州八极",言天地之间,囊括九州八极之地。《淮南子·坠形训》中云:"天地之间,九州八极。"又曰:"九州之外,乃有八殥……八殥之外,而有八纮……八纮之外,乃有八极。"古人以法治理国家,称之为"纪纲八极",如《淮南子·本经训》所述:"纪纲八极,经纬六合。"《淮南子·人间训》中更提道:"发一端,散无竟，周八极，总一箺，谓之心。见本而知末，观指而睹归，执一而应万，握要而治详，谓之术。"由此可知，古人赋予"八极"一词深厚的内涵，其含义深远，无边无际。

因此，八极拳的命名，正是结合了中国古代文化中这一名词的含义，赋予了拳术丰富的精神内涵。在三十多年的习武过程中，笔者逐渐体会到前辈以"八极"命名拳术的良苦用心。八极已超越一门拳术的范畴，它更是一种文化象征，一种信念，一种精神。它蕴含着我们这个时代所需要的人文思想——接纳与包容。正如笔者师父所言，开门八极拳要开门广纳，此言令笔者如醍醐灌顶。"八极"一词蕴含着无限广袤之意，它不仅涵盖了时间与空间，其博大、宽广更是令人赞叹。笔者不禁为前人以"八极"命名拳术的智慧所折服。

如今，武术已不仅仅是一种生存手段，而是更多地承载了中华文化的精髓。然而，当现代搏击事业在世界范围内蓬勃发展时，中国传统武术却似乎陷入了困境，面临着前所未有的挑战。

在这个关键时刻，"八极"的精神内涵为我们指明了方向。它教导我们要以海纳百川、兼收并蓄的心态去学习、传承和发展中国的传统武术。这不仅是历史发展的必然要求，更是时代的需要。让我们以"八极"的精神为指导，携手共创中国武术的辉煌未来！

五、大众对武术的理解

武术，一种历史悠久的文化形式，其传播与发展依赖于广泛的社会群体。然而，在长达三十年的传统武术习练过程中，在与其他武术爱好者和普通民众的互动中，笔者深感中国传统武术在大众心中并未被真正视作一种文化。

大多数人对武术的认知主要源于小说和影视作品。虽然这些作品在一定程度上推动了武术的宣传与普及，但它们都将武术描绘成一种神秘莫测的技能。这导致很多武术爱好者对武术产生了盲目的崇拜，特别是中老年群体，他们对"内功"的神奇效果深信不疑。他们的初衷是健身养生，但一些利欲熏心的"大师"借"传统武术功法"之名，误导这部分群体，进行虚假宣传。这些"大师"在追求利益的同时，也在无形中对这些基层受众进行了洗脑。

这种现象无疑对中国武术文化的传播造成了极大的负面影响。为了促进武术文化的健康发展，我们需要加强公众的科学认知，让更多的人了解武术的真正内涵和价值，而不是被那些看似神秘的"功法"和虚假宣传所迷惑。

中国传统武术，亦即民间武术，长久以来在自由发展的道路上默默前行。然而，社会与民众对传统武术的漠视与忽视，使这门博大精深的文化艺术面临着消亡的巨大风险。大众对武术文化的价值和意义的认识模糊不清，甚至有些人全盘否定其存在，这无疑为武术文化的发展设置了重重障碍。特别是改革开放以来，随着国外竞技体育（如搏击、散打、空手道、泰拳、跆拳道等）的广泛传播，中国传统武术文化的传播更是变得困难重重。

许多年轻人对武术产生疑问，质疑武术的实际意义。他们认为，若要健身可以选择跑步，若要防身可以选择搏击，若追求时尚可以选择街舞，那么武术究竟有什么价值呢？在长期的武术教学过程中，笔者发现，那些坚持学习传统武术的人，都对中华武术文化有浓厚的兴趣，能够通过不断研习，对武术有更深入的理解。但这种传播方式对推动中国传统武术文化的普及显然是远远不够的。

武术文化传播途径单一，加之大众武术知识普遍匮乏，严重削弱了国人对武术文化的自信。

六、武术的神话与神化

"神话和隐喻让人们生活在一个运行有理、变化有道的世界中。他们舍弃了复杂的经验世界，而坚持一种相对小巧、简单和原型化的神话，诡计多端的敌人和无所不能的英雄般的救世主是其中的两大主角。据此，人们在做出决定时，有的放矢、从容笃定、信心满满，而不会在威胁、茫然和不堪承受的个体责任面前手足无措。"穆雷·埃德尔曼（Murray Edelman）如是说。

中国传统武术文化，它编织自浩渺的历史与迷人的神话传说，就像一部永恒的交响乐，历史和神话交相辉映，互为补充。历史是坚实的骨架，而神话则是色彩斑斓的织锦，二者相互依存，又相互制约。在上古的悠远岁月里，黄帝与蚩尤的激战似乎早已预示了中华武术文化中"神"的重要地位。

想象黄帝麾下的大将应龙，它的双翼挥动风雷，口中的水流化为狂风巨浪，从天而降，一时间洪流奔腾，涛声震天，直冲蚩尤的阵营。而蚩尤则召唤风伯、雨师，他们以天为幕，以地为席，呼风唤雨，一时间狂风肆虐，暴雨倾盆，把黄帝的军队打了个措手不及。在这场较量中，应龙虽力大无穷，然不谙收水之术，致使黄帝陷入困境。

然而，黄帝并未放弃，他在梦中得到了九天玄女的启示，获得了一部神秘的兵书——《阳符经》。兵书中的象形文字"天一在前，太乙在后"，如同明灯照亮了他的前路。他按照兵书中的指引，布下了神秘的"天一遁甲阵"，再次与蚩尤决战。最终，黄帝凭借智慧和勇气，成功击败了蚩尤。

蚩尤败亡后，他的枷锁被抛向荒山，化作了枫林，每一片枫叶都像是他枷锁上的斑斑血迹，诉说着他的英勇与不屈。这个故事与黄宗羲在《王征南墓志铭》中描述的张三丰的经历有着惊人的相似之处，仿佛是天意的巧合。张三丰在梦中得到元帝的拳法传授，以单丁之身杀敌百余。这种神秘的传承方式，无疑为中华武术文化增添了几分神秘色彩。

黄帝战胜蚩尤后，带领百姓定居中原，开垦农田，奠定了华夏民族的根基。而黄宗羲的《王征南墓志铭》也为后世的内家拳法蒙上了一层神秘的面纱。

武术界普遍存在着将祖先、前辈神化的现象，这不仅源于传统文化中的宗教、哲学等多重因素，还与武术传承、修炼以及维护门派声望等内在需求紧密相联。人们常常运用"造神"的手段，满足习武者在现实社会中的需求，这无疑为真实的武术披上了一层神秘的面纱。随着时间的推移，这些武林传说逐渐被塑造成人们心目中的真实事迹。正如顾颉刚先生所言，古史是层累地造成的，这一观点同样适用于传统武术史。

八极拳传奇人物李书文，人称"神枪李"，他潜心修炼武林绝学易筋经、锻骨经和洗髓经，凭借着坚不可摧的毅力，成功获得了异于常人的强大力量。他挥动大枪，如有神助，枪尖崩飞对手的刀，精准刺穿日本教官伊藤太郎的咽喉。随后，他轻巧地一挑，将伊藤远远甩出演武大厅。面对日本武道教官秋野、井上、野田的围攻，李书文如同闪电般穿梭，攻守兼备，大枪如同蛟龙出海，左刺右挑，瞬间将敌人击败。他枪法之精湛，竟能在顷刻间将三位高手击败并甩出演武大厅，令众人瞠目结舌。他轻描淡写地一枪刺向落在厅柱上的苍蝇，苍蝇应声而落，而厅柱上却了无痕迹，这一举动更是展示了他超凡的枪术。

李书文应邀前往孟村吴家做客。吴家有一匹烈马，难以驯服，且具有攻击性。面对这匹烈马，李书文毫不畏惧，他问吴家主人："这马会咬我吗？"吴家主人回答："可能会咬生人。"李书文走到马前，马果然伸头来咬。他迅速提起膝盖，准确地顶在马的下巴上，马痛得抬起头来。李书文趁机抓住马鬃，飞身跃上马背。他连续三次使用千斤坠功夫，使马先后三次趴倒在地。吴家主人见状心疼不已，担心马会因此受伤，连忙劝说李书文下来。这一场景充分展现了李书文深厚的千斤坠功夫。

李书文经常在练功房里专注地练习易筋经，骨节间发出嘎吱嘎吱的声响，仿佛是在诉说着他苦练的艰辛。他的武功造诣深不可测，已经修炼至骨髓深处，牙齿坚硬如铁，连吃鸡肉时都不吐骨头，而是将肉和骨头一并嚼碎吞下。

李书文在室内练习穿掌或探马掌时，距离窗户有两米之远。他出手如疾风骤雨般迅速，气流将窗纸推得呼呼作响。

形意拳前辈郭云深以"半步崩拳打天下"而著称。"鬼八卦"焦洛夫挥舞双臂，施展出熟练的砍法试图破解郭云深的崩拳，只见手刀与崩拳相交，仿佛巨浪撞向铜墙铁壁，然后砰的一声，仿佛山墙倒塌，焦洛夫跌坐在地。郭云深欲试身手，找来五位魁梧大汉一字排开，威武的人墙挡在他面前。郭云深从容不迫，凝聚功力，突然施展半步崩拳，五位大汉如同被击飞的麻袋，纷纷倒地抱腹翻滚，痛苦不堪，此情景令人惊奇。

意拳宗师王芗斋前辈与形意拳实战高手薛颠交手时，王芗斋前辈表示久仰薛先生的龙形搜骨技艺。两人随即展开对决，仅在身体接触的瞬间，薛颠就被击出一丈之外。此事展现出王芗斋前辈高超的技艺。

太极宗师杨露禅前辈的"雀不飞"技艺更是令人惊叹。他能将摔跤高手轻松扔出围栏之外。有一次，八卦祖师董海川恰好目睹此景。摔跤手被杨露禅扔向空中，董海川则飞身将其接住。杨露禅见状，深知董海川身法轻灵，绝非等闲之辈。于是，两位宗师开始切磋技艺。董海川纵身一跃，捉住树上的燕子，递给杨露禅。杨露禅则将其轻轻放在手中，燕子始终无法逃脱他的掌心。一位拳师施展饿虎下山的招式气势汹汹地冲向杨露禅，杨露禅仅一举手，那位拳师便如同遭到重击般跌落在数丈之外。

这样的武林传说不胜枚举，在各个武术流派中，前辈大师们的精湛技艺在代代相传的过程中，逐渐被赋予了神话色彩。这种现象，与其说是对先辈的赞颂与尊敬，不如说是后辈在借助前辈的光辉来掩饰自己的不足。正如《精武》杂志2000年第12期中的《武林掌故的真实性》一文所提到的那样："武术自古多神化，若主人公是自己所喜欢或所亲近的，便将其夸张到神乎其神的程度，而后面，又不免有一己之私——跟着沾点神光，改善生活境况。于是，武林中以讹传讹的事，历来极多。"已故的前辈们，在后人的口口相传中逐渐被神化。随着时间的流逝，人们逐渐接受这些传说并相信其真实性。那些深信不疑的人总会感叹自己无法企及先人的高度。对于一些过于夸张的赞誉祖师前辈的言辞，笔者总是忍不住质疑："如果真的存在如此神奇的武功，为何现在无人能够继承？如果不存在，又为何不敢直言相告？"张大为先生在《武林丛谈》中愤慨地写道："各个时代的武人们究竟在忙些什么？难道就没有几位有识之士愿意撰写专门的武术或武史著作吗？只让当今的武术家们费尽心思地翻阅古籍，绞尽脑汁地推测、联想、判断！"

武术，这门历史悠久的技艺，常常被误认为只存在于经过艺术加工的武侠小说和影视作品中。在部分门派的后辈们的口中，其神奇程度更甚于虚构的武侠故事。在这样弥漫着虚幻色彩的武术文化氛围中，武术技能的传承也自然带上了虚假的色彩。这种虚假的功夫在武术圈内遍地开花，却鲜有人敢于揭露真相，大家本着一种"你好、我好、大家好"的"和谐"心态"和平共处"。那些实在看不惯这种虚假现象的人只能选择离开这个圈子。

武术并非神奇非凡，武林亦非神秘莫测。所有的武术技能和功效，均源自人们脚踏实地的实践和经验总结。在武术文化中，中华民族的传统美德扮演着核心的角色。不可否认，武术文化在历史的长河中泥沙俱下，既有优良的传统，也不乏糟粕。因此，现代人须对武术文化进行深入分析，取其精华，去其糟粕。

我们应当正确认识神话的存在，避免用神话编造谎言去掩饰内心的怯懦。正如约瑟夫·坎贝尔（Joseph Campbell）在《神话的力量》（*The Power of Myth*）中所言："耶稣的复活并非肉体的复苏，而是精神生命的重生；佛陀所经历的磨难，也非外在的苦难，而是内心的诱惑。"我们之所以对丰富的神话智慧感到陌生，是因为我们失去了解读神话的本能，误解了神话的语言。尽管世界各地的神话不尽相同，但它们都在向我们呼唤，引导我们深度觉醒，去理解生命的本质。

七、习武是身心渐进的过程

多年来，笔者在教授武术的过程中，经常遇到学生们问这样一个问题："多久才能学会武术？"实际上，这个问题很难给出一个确切的答案，它取决于你想要学会的是什么。如果只是学习一套拳法或几个招式，对一些天资聪颖并能持之以恒的人来说，可能年余就可以掌握。即使是资质一般的人，只要得到正确的指导，也不会花费太多时间。然而，如果目标是达到武术中所谓的"身心合一"的境界，那么这可能需要一生的修炼，没有终点。

在练习武术之前，我们应该有一个明确的目标。是打算将武术作为职业，还是仅仅作为一种爱好？有了明确的目标并坚定地去追求它，我们才能在武术的道路上越走越远。切忌心血来潮或急于求成，因为武术是一门身体历练与内心感悟相互促进的运动。

在武术中，人们常常提到的"内外三合"的六合状态，指的就是这种身心互动、相互促进的修炼过程。简言之，武术的训练包括两个方面：练与悟。这两者相互促进，循环往复，永无止境。通过外在的训练，我们可以不断提升身体素质，而这种身体的变化又会反过来促进我们的心理感知。这种感知会使我们的身体更加协调统一，让我们实现技术与精神的完美契合。

从外在表现来看，这种协调统一主要体现在身体的灵活性、力量的充盈、眼神的敏锐、肢体的协调以及反应的敏捷等方面。同时，内心的从容豁达、坚毅果敢，乃至视死如归的精神，也会在我们的外在表现中得以体现。这就是武术的魅力所在，它不仅仅是一种运动技能，更蕴含着身心合一的精神追求。

武术的修炼过程有一个明确的顺序：下武精技防侵害，中武入哲修身心，上武入道平天下。这个顺序是不能改变的。如果我们不能精通技艺、强健身体以防止侵害，那么所有的道理与感悟都会显得苍白无力。这是武术身心渐进的必然过程，需要习练者不断坚持锻炼和参悟。

八极拳"六练"就是这一过程的明确体现。在下篇"走进八极拳"中，笔者将进一步阐述这一武术流派的独特之处和它在身心修炼方面的独特价值。通过深入了解八极拳的历史、技术和哲学内涵，我们可以更好地理解武术的精髓和武术的魅力所在。

总之，学习武术不仅仅是为了掌握一些招式或技能，更重要的是通过身心的修炼达到内外合一的境界。这需要我们有明确的目标、坚定的信念，还需要我们持续努力。只有这样，我们才能真正感受到武术的博大精深和无穷魅力。

八、鉴古知今识武术

武术与武舞

如今，社会上有些人错误地认为武术只是花哨的动作，类似舞蹈或体操。这种看法其实是对武术内涵的片面理解。在中国古代文化中，"武"与"舞"是紧密相联、相辅相成的。据《释名·释言语》记载："武，舞也，征伐行动，如物鼓舞也。"以周代的《大武》乐舞为例，它不仅仅是一种表演形式，更是对周武王伐纣克商过程的生动再现。孔子在《礼记·乐记》中详细描述了《大武》乐舞的动作，这些动作中蕴含着丰富的象征意义。通过舞蹈，人们仿佛能够穿越时空，目睹武王伐商到成王亲政这段历史中的重要事件。更重要的是，《大武》乐舞不仅仅是为了展示战争和武功，更是为了宣扬"禁暴、戢兵、保大、定功、安民、和众、丰财"这七种道德价值观。因此，武舞不仅是身体的动作，更是对历史事件的深刻诠释。

武舞源远流长，承载着深厚的文化内涵。在古代，它常见于郊庙祭祀、朝贺和宴享等庄重场合，舞者手持斧盾，通过精湛的表演歌颂统治者的武勇与功绩。

在西周时期，武舞不仅承载着宗教和文化的意义，还被用于搏杀技术的训练。舞者们通过集体演练，展现团结协作的力量，激发军队的士气。在这一时期，象舞和大武舞成为两种备受瞩目的著名武舞。

春秋战国时期，学术氛围宽松自由，武术的功能与形式开始朝着多样化的方向发展。原本主要用于作战的军事武术逐渐渗透到日常生活中，演变成具有娱乐性和竞技性的民间武术。这一转变不仅丰富了武术的内涵，也使其更加贴近人们的生活。

到了汉代，尤其是东汉时期，武术得到了更为广泛的发展。武舞形式更加多样化，如剑舞、斧舞、钺舞等，攻防含义也更加鲜明。作为一种简易的武术套路，当时的武舞已经具备了独特的技击性和规范性，展现出武术的独特魅力。

在古代，"舞"与"武"二字往往相通。例如，在《史记·项羽本纪》记载的"鸿门宴"的故事中，刘邦的谋臣张良提醒他："今者项庄拔剑舞，其意常在沛公也。"这里的"舞"字，并非指轻柔的舞蹈，而是暗含杀机的武术表演，其寓意深刻，惊心动魄。又如《晋书·祖逖传》所述，祖逖夜半闻鸡叫，便跃身而起，挥剑练习。他同寝的友人刘琨被唤醒后，非但不以为忤，反而感慨道："此非恶声也。"因之，二人便一同起舞练剑。这一故事后来演变成脍炙人口的成语"闻鸡起舞"，这里的"舞"字自然是指武术练习，而非单纯的表演。

汉朝时期，各种文娱活动，包括角抵戏等表演，常被用来招待外国使节和来宾。《盐铁论·崇礼》中就记载了汉昭帝用角抵戏款待外宾的情景。东汉沿袭了西汉的惯例，继续用角抵戏招待外国使节。《后汉书》中就有记载："顺帝永和元年，其王来朝京师，帝作黄门鼓吹、角抵戏以遣之。"

到北宋时期，军队中已经有了专门的武术表演队伍。例如，太宗年间，数百名勇士被从军队中挑选出来，学习剑舞。外国使节来访时，这些勇士挥刃而入，在宴席间表演，其威武之势令人不敢正视。这种"以武示威"的做法，彰显了人们"不战而屈人之兵"的美好愿景。

在历史的长河中，"舞"与"武"相互交织，共同演绎着中华民族的英勇与智慧。这些故事不仅丰富了文化的内涵，也为我们提供了宝贵的历史借鉴。

由此可见，武舞自古以来便是武术的一种表现与练习形式，它的诞生源于当时的时代背景和现实需求。今天的武术套路练习，虽然在形式上有所不同，但其核心并未完全脱离实战技击的本质。习武的目的，无论是侧重于表演健身、达志传情，还是侧重于技击搏杀，最终都是由习武者的个人意愿和现实需求决定的。

传统武术与竞技武术

传统武术与竞技武术长久以来一直是武术领域的热议话题。竞技武术脱胎于传统武术，但又逐渐与传统武术分道扬镳，因而受到诸多指责与批判。二者对立的根源在于它们迥异的价值取向。

传统武术，孕育于中国传统文化之中，是在中华传统文化理论体系的指引下，以师徒、门派等形式传承的武术修炼体系。它以套路、散手、功法、精神理念为主要活动内容，旨在强健身体、抵御外敌、提升技击水平及内在精神。

然而，随着 1840 年鸦片战争的爆发，中国逐渐沦为半殖民地半封建社会。在国势衰微的清末，武术家霍元甲在上海创办了近代中国第一个民间武术社团——精武体操会。它以提倡武术、研究体育、铸造强毅之国民为宗旨，注重技击与武德的结合，辅以有益的学科和正当的游艺活动。随着时间的推移，精武体操会逐渐转型为面向社会的教育团体。

1911 年，马良创编了《中华新武术》，并以此为军事训练教材，组建武术队进行实习，培养骨干和师资。这一体系逐渐得到官方认可，成为军警必修之术，并在全国各级学校中广泛推广。1928 年，中央国术馆成立，得到教育部资助，随后全国各地纷纷设立国术馆。1930 年，教育部通令全国各级学校，将国术列为体育课程的一部分。

1936 年的柏林奥运会上，虽然中国代表团在正式比赛中表现不佳，但其武术表演成为一大亮点。中国式的刀枪剑戟和拳打脚踢让在场的欧洲人眼花缭乱，他们纷纷认识到武术具有极高的健身、娱乐、审美和教育价值。1954 年国家武术队成立，武术成为各地体育院系的正式课程。1957 年，竞技武术套路被正式列入国内体育竞赛项目。1959 年，第一部《武术竞赛规则》在全国颁布。1961 年，武术被正式纳入中小学教学大纲。

为了进一步推动武术的发展，1997 年武术段位制开始实行，次年国家体育总局在北京首次向武林中的优秀代表人物颁发段位证书。2005 年，国家武术运动管理中心组织编写了部分拳种的段位制教材，使武术段位制推广工作得以进一步开展。2014 年 5 月 6 日，国家体育总局和中华全国体育总会联合发布了《武术段位制推广十年规划》(2014—2023)，这一系列举措极大地推动了竞技武术的普及与发展。

在西方竞技体育模式的冲击下，中国传统武术面临着前所未有的挑战。随着时间的推移，西方竞技体育逐渐在中国体育界占据主导地位，其影响力不断渗透到中国武术的发展之中。在这个过程中，西方文化对中华传统武术文化的影响不断加深，导致中华传统武术的品质和形态特征发生了深刻变化。原本以民间自发练习为主的武术运动，开始向规范化、竞技化方向演变，传统武术内容被改造为特定的运动项目。

这种趋势对传统武术的民间根基产生了消极的影响。以八极拳为例，传统的八极拳与竞技规定套路八极拳在招式、技术方面已经相去甚远。为了在比赛中取得好成绩，习练者不得不舍弃原有技术的深刻内涵，转而追求符合"高、新、难、美"评判标准的表现方式。这导致传统武术的多样性发展和文化内涵的传承受到一定的阻碍，竞技武术逐渐失去了传统武术的文化底蕴，变得华而不实。

面对这种局面，我们需要重新审视传统武术的价值和意义，努力保持其独特性和多样性，让传统武术在新时代焕发出更加灿烂的光彩。

竞技武术与传统武术在基础训练上仍保持着紧密的关联，都注重力量、柔韧性、协调性、弹跳力和爆发力等素质的培养。然而，在技术动作和对精湛技法的追求上，竞技武术倾向于采用量化的现代体育评价体系，这导致其与深植于中华传统文化中的传统武术渐行渐远。这种趋势不仅削弱了武术内在的精神修养和武德建设的文化内涵，还对中国武术的传承与发展构成了严峻挑战。

竞技武术作为一种独特的竞技运动项目，应体育现代化和文化全球化的需求而产生，它在扩大习武人群、提升武术的国际认同度以及促进对外文化交流等方面发挥了重要作用，创造了显著的社会价值。然而，这种现代化转型也导致竞技武术与传统武术在某些核心特质上产生了裂痕，如在中华传统文化内涵与价值观方面。

为了推动中国武术的健康发展，我们需要深刻认识和理解传统武术与竞技武术之间的关系，寻求二者之间的和谐共存和互利共生。这需要有识之士的持续探索和努力，以期为中国武术探索出一条富有成效的发展道路，使其在保持传统文化底蕴的同时，也能适应现代社会的需求，绽放新的光彩。

传统武术与散打

散打源于传统武术，以擂台规则为引导，融合了各门派的实用招式，形成了独特的技击体系。1979 年，中央人民政府体育运动委员会（今国家体育总局）借鉴现代竞技体育的模式，率先在浙江省体委、北京体育学院和武汉体育学院开展了武术对抗性项目的试点训练。1982 年，国家体委制定了《武术散打竞赛规则》（初稿），1989 年散打被列为正式比赛项目。

现代武术散打不仅对传统武术进行了归纳与整理，更继承了其精髓。在摒弃门派风格的束缚后，人们发现了共性的规律，总结出了基本运动形式，形成了独特的技战术风格——远踢近打贴身摔，快进快出。其中，拳法涵盖了冲、掼、抄、鞭、劈等多种技法；腿法则以蹬、踹、扫、摆、勾为主；摔法则注重"无把"的特点，通过接腿摔、勾腿摔等方式快速破坏对方重心。

散打运动在初始阶段的技术风格和技击理念与传统武术紧密相联，因为老一辈的散打教练都深受传统武术的熏陶。然而，随着时代的变迁和散打运动的发展，散打已经逐渐与传统武术产生了明显的差异。为了提高竞技水平，许多人引进了拳击、泰拳等外来格斗流派的训练方法，这无疑是一种借鉴与融合。但在此过程中，我们也应保持警惕，以免让中国传统武术这一璀璨的文化瑰宝蒙尘。

许多人将传统武术视为健身养生的工具，认为其技击核心已然消亡。然而，这种看法是对传统武术极大的误解，也许其中还掺杂着一些崇洋媚外的情绪。我们必须认识到，传统武术蕴含的深刻技击拳理和技巧是值得我们深入挖掘的宝藏，对中国本土技击术——中国散打的发展也具有重要意义。

中国传统武术作为汲取了中华五千年文化精髓的产物，独具中国特色，它以其独特的方式和方法不断繁衍生息、传承发展。技击是其亘古不变的核心，几千年来，传统武术一直是人们求生存的主要手段之一。它的每一招式都是从实践中不断总结和发展而来的，都凝结着实用价值和深刻含义。即使在现代竞技体育的擂台上，传统武术也有着广阔的发展空间。

因此，我们应该摒弃对传统武术的偏见和误解，重新认识并重视其深刻的拳理和丰富的技击技巧。通过深入挖掘传统武术的精髓，我们不仅能够更好地传承和发展中国本土技击术，还能为现代竞技体育注入更多的文化内涵和精神力量。

现今，散打运动员经过科学系统的训练，在肌肉力量、速度、体能和实战经验方面已经能够达到卓越水平。然而，技术单调、思维保守以及缺乏灵活多变的打法，逐渐成为其发展瓶颈。随着国外搏击项目的崛起，散打的竞技及观赏价值在国人眼中逐渐黯淡，这无疑是散打面临的一大挑战。

实际上，中国传统武术与散打有着千丝万缕的联系。如果两者能够相互借鉴、取长补短，它们的未来必将翻开崭新的一页。如今，已有不少传统武术技法在中外搏击舞台上大放异彩。它们虽然已发展创新，但仍深深扎根于中国传统武术之中。

以"散打王"柳海龙为例，他的劈挂腿技术正是传统武术中的外摆腿下压动作的完美展现。同样，终极格斗冠军赛（UFC）名将町田龙太的白鹤亮翅技巧与传统武术中的二起脚如出一辙。此外，"无冕之王"康李更是将传统武术的剪刀腿带入UFC的铁笼之中。"嘴炮"康纳-麦格雷戈在与"牛仔"唐纳德-赛罗尼的比赛中展示的撞肩技术，同样可以在中国传统武术中找到踪影。

值得一提的是，UFC名将安德森·席尔瓦深受李小龙的影响，并跟随李小龙的学生丹尼·伊诺山度学习咏春拳。在比赛中，他巧妙运用咏春的截踢和肘法，展现出武术的多样性。他曾表示："我相信所有的武术都对格斗有所助益。几年前我在洛杉矶开始跟随伊诺山度练习咏春拳，我的格斗表现得到了极大提升。我认为人们在谈到中国功夫时，并没有完全认识到中国功夫如何改变和帮助一个人。中国功夫的核心并非打斗或摧毁对手，而是帮助你掌控自己的身体和思想。我很幸运能够练习多种武术，它们在我比赛时都发挥了重要作用。"安德森·席尔瓦对武术的深刻理解确实超越了许多人。

拳脚与兵器

提起中国武术，就不得不提起与其紧密相关的兵器。在现代搏击日益兴盛的今天，有一种言论认为，中国武术多侧重于兵器的练习方式，并不适用于拳脚的搏斗，这其实是对中国武术的一种片面理解，也是给中国武术中拳脚功夫在搏击擂台上表现不佳而寻找的一种借口。

历史上，中国武术中的冷兵器，如强弓、硬弩、长枪和大刀等，一直是军队作战的主要武器。而关于拳脚功夫，戚继光在《纪效新书·拳经捷要篇》中这样论述："拳法似无预于大战之技，然活动手足，惯勤肢体，此为初学入艺之门也。"这表明戚继光认为拳脚功夫是初学者练习武艺的基础。在十八般武艺中，前十七项都是兵器，而最后一项"白打"即徒手搏击的拳脚功夫。这并不意味着拳脚功夫是模拟无兵器状态下的兵器使用方式，而是作为练习兵器使用技巧的基础。

戚继光在《纪效新书·拳经捷要篇》开篇即提道："此艺不甚预于兵，能有余力，则亦武门所当习。"这意味着"白打"这种徒手搏击的拳脚技艺在军队中的应用并不广泛，但如果有余力，也是武术门派应当练习的。他进一步阐述了学习拳脚功夫和交手时的要点，强调身法活便、手法便利、脚法轻固等，并列举了三十二势拳法，认为这些拳势能够遇敌制胜，变化无穷。

虽然拳脚功夫与兵器的使用有着紧密联系，但在当时，拳脚功夫已经成为一种独立的赤手搏击武艺。这种武艺在春秋战国时期被称为"拳勇"或"手搏"，如《汉书·哀帝纪》中所载，孝哀"雅性不好声色，时览卞射武戏"。苏林注："手搏为卞，角力为武戏也。"这说明在明代以前，手搏已发展为一种使用多种方法相搏的专门技能。

明代徐应秋辑《玉芝堂谈荟》初卷引《白打钱》载："按白打，徒搏也。武艺共十八般……十八白打。"而明代朱国祯《涌幢小品》卷十二云："白打，即手搏之戏，唐庄宗用之赌郡，张敬儿仗以立功，俗谓之'打拳'。"

可见，白打、手搏即徒手搏击之意。但此时的拳脚搏击之术还没有形成门派概念，戚继光也只是用"宋太祖有三十二势长拳，又有六步拳、猴拳、囮拳，名势各有所称，而实大同小异"加以概括。这些徒手搏击的拳术是独立于兵器之外的技术。

中国传统武术中拳术门派的大量涌现是在明末清初，此时的拳术练习多以赤手搏击为主。清雍正十三年（1735年）王自诚《拳论质疑序》中记载："（心意六合宗师姬际可）以为若身处乱世，出可操兵执枪，以自卫可也；若太平之日，刀兵销伏，倘遇不测，将何以御之？于是将枪法为拳法，而会其理于一本，通其形于万殊，名其拳为六合。"这表明，在太平时期，人们放下兵器，专注于徒手搏击的拳脚之法，其所用之技击理法与兵器同源，但具体的技击动作并不相同。因此，一些人认为现在的武术动作源于兵器的赤手演练是没有根据的。虽然它们在运动形式上可能相近，但这不能作为这些动作只在手持兵器的情况下才可以使用的依据。

兵器的杀伤力远高于徒手搏击，但一个能从容运用兵器的高手，在手中无刀剑时，并不会坐以待毙。这进一步证明了中国传统武术体系中的拳脚与兵器既相互独立又相互联系，对此，习练者只有认真研习才能真正体会。

内家拳法刍议

内家拳法，这一中国传统武术界的神秘存在，自古以来便笼罩在层层迷雾之中，伴随着各种充满神秘色彩的传说，令今日之武术爱好者和从业者深感困惑。一些江湖人士，为了追逐名利，更是滥用内家拳的理论，大肆宣扬其神奇功效，误导公众，使内家拳原本珍贵的理论精华被埋没，而谬误与糟粕却大行其道。

笔者在长期的武术学习与探索中，观察到在中国传统武术界存在着一些不切实际、妄自尊大、故步自封和虚幻离奇的现象。这些现象与内家拳学说有着密切的关联。可以说，如何正确地看待和理解内家拳学说，将直接影响到中国传统武术未来的发展方向。

因此，我们应当审慎对待内家拳学说，既不能过分神化，也不能一概否定。要深入挖掘其内在的理论价值和实践意义，继承和发展其优秀的理论精华，剔除那些谬误与糟粕。只有这样，才能为中国传统武术的健康发展提供有力的理论支撑和实践指导。

内家拳的起源众说纷纭，其中一种流传甚广的说法认为其创始于北宋年间的张三丰。传说，张三丰精通少林武术，武艺高超，曾游历四方，遍习天下武技。在隐居武当山深修之后，他悟出了以柔克刚、以静制动、以弱胜强的武学之道，并据此创立了内家拳。然而，经过对历史文献的深入研究，目前尚未发现张三丰与内家拳的创立有实际关联的证据。

关于张三丰的历史记载主要集中在明、清两朝。通过对这些古籍文献进行细致的分类、查找、分析和研究，我们发现，除经部外，史、子、集三部中均有关于"张三丰"或"三丰"的记载。统计结果显示，史部共有30篇文献提及张三丰，共计78次；子部有120篇文献，共计365次；集部则包含56篇文献，共计667次。其中，最早的记载见于明宣德六年（1431年）任自垣所撰的《敕建大岳太和山志》，而最晚的记载则出现于清朝末年至民国初年，前后时间跨度近500年。

经过对这些古籍文献的梳理和分析，我们并未发现任何确凿的证据表明张三丰与内家拳之间存在直接关联。因此，我们确信，张三丰创立内家拳或太极拳的说法更多的是一种传说，而非基于确切的历史文献记载。

内家拳的起源可追溯至由明末清初杰出文学家、思想家黄宗羲所撰写的《王征南墓志铭》。这篇墓志铭不仅标志着中国传统武术内、外家拳法的分化，而且深刻影响了明末以后武术的发展方向。为深入了解内家拳的起源，现特节选墓志铭原文如下：

少林以拳勇名天下，然主于搏人，人亦得而乘之。有所谓内家者，以静制动，犯者应手即仆，故别少林为内家，盖起于宋之张三丰。

三丰为武当丹士，徽宗召之，道梗不得进，夜梦玄帝授之拳法，厥明以单丁杀贼百余。三丰之术，百年以后流传于陕西，而王宗为最著。温州陈州同，从王宗受之，以此教其乡人，由是流传于温州。嘉靖间张松溪为最著。松溪之徒三四人，而四明叶继美近泉为之魁，由是流传于四明。四明得近泉之传者，为吴昆山、周云泉、单思南、陈贞石、孙继槎，皆各有授受。昆山传李天目、徐岱岳，天目传余波仲、吴七郎、陈茂宏；云泉传卢绍岐；贞石传董扶舆、夏枝溪；继槎传柴玄明、姚石门、僧耳、僧尾；而思南之传，则为王征南。

思南从征关白，归老于家。以其术教授，然精微所在，亦深自秘惜，掩关而理，学子皆不得见。征南从楼上穴板窥之，得梗概。思南子不肖，思南自伤身后莫之经纪。征南闻之，以银卮数器，奉为美榇之资。思南感其意，始尽以不传者传之。

征南为人机警，得传之后，绝不露圭角，非遇甚困则不发。尝夜出侦事，为守兵所获，反接廊柱，数十人轰饮守之。征南拾碎磁偷割其缚，探怀中银望空而掷，数十人方争攫取，征南遂逸出，数十人追之，皆踣地匍匐不能起。行数里，迷道田间。守望者又以为贼也，聚众围之。征南所向，众无不受伤者。岁暮独行，遇营兵七八人，挽之负重，征南苦辞求免，不听。征南至桥上弃其负，营兵拔刀拟之，征南手格，而营兵自掷仆地，铿然刀坠，如是者数人，最后取其刀，投之井中。营兵索绠出刀，而征南之去远矣。凡搏人皆以其穴：死穴、晕穴、哑穴，一切如铜人图法。有恶少侮之者，为征南所击，其人数日不溺，踵门谢过，乃得如故。牧童窃学其法，以击伴侣，立死，征南视之曰："此晕穴也，不久当苏。"已而果然。征南任侠，尝为人报仇，然激于不平而后为之。有与征南久故者，致金以仇其弟，征南毅然绝之，曰："此以禽兽待我也！"

征南名来咸，姓王氏，征南其字也。自奉化来鄞。祖宗周，父宰元，母陈氏，世居城东之车桥，至征南而徙同岙。少时谒卢海道若腾，海道较艺给粮，征南尝兼数人，直诣行部，征南七矢破的，补临山把总。钱忠介公建闽以中军统营事，屡立战功，授都督佥事副总兵官。事败，犹与华兵部勾致岛人，药书往复，兵部受祸，仇首未悬，征南终身菜食以明其志，识者哀之。

在《王征南墓志铭》中，黄宗羲记载了关于内家拳的起源，他主要依据的是墓志铭主人公的叙述及友人高辰四的讲述。但仔细阅读，不难发现其中的许多描述颇具荒诞色彩，令人难以置信。尤其是"夜梦玄帝授之拳法，厥明以单丁杀贼百余"一事，听起来像是天方夜谭，难以取信于人。因此，中国近代著名的武术史学家、体育史学家唐豪先生在《神州武艺》中不客气地批评道："张三丰一梦而精技击之说，尊而信之者，其常识可谓幼稚之至。"他希望我们能"清算"这些荒诞、邪魔、神秘的武艺谬说，揭示其真相。

在黄宗羲之子黄百家所著的《王征南先生传》中，内家拳的概念得到了延续。他写道："盖自外家至少林，其术精矣。张三丰既精于少林，复从而翻之，是名内家。得其一二者，已足胜少林。"这表明内家拳之名再次得到确认。在《王征南先生传》中，黄百家还记录了王征南的话语："拳成，外此不难矣……我无传人，我将尽授之子矣。"这与黄宗羲《王征南墓志铭》中提及的王征南生平相符。而在王征南逝世七年后，黄百家在《王征南先生传》的结尾处写道："先生之术，所授者惟余。余既负先生之知，则此术已为广陵散矣。"在清代黄百家看来，所谓的内家拳法已如《广陵散》般成为绝响。

通过对《王征南墓志铭》和《王征南先生传》的深入研究，我们大致了解了内家拳的传承时间、传播区域以及传承脉络。从传说中的宋代张三丰始创内家拳，经过王宗、张松溪等人的传承，历经百年，直到清初，内家拳的技法已几近消弭。在这个过程中，黄百家成为王征南内家拳法的唯一传人。他感慨自己未能完全继承先生的遗志，使得这一技艺面临失传的危险。那么，当今广泛流传的内家拳法又是从何而来呢？还是它有其他的传承线索和发展脉络？这些有待我们进一步去探索和揭示。

黄百家确实撰写过关于内家拳法的著作，但并非外界所传的《内家拳法》，而是《学箕初稿》，其中的《王征南先生传》便详细介绍了内家拳法。清代张潮所辑《昭代丛书》中收录的黄百家《内家拳法》，其实是将《学箕初稿》中《王征南先生传》的内容删节后更换了名称。而明朝万历年间沈一贯所撰写的《搏者张松溪传》中，并没有记载张松溪所练的拳法为内家拳，亦未提及"内家拳"三字。由此可见，内家拳声名远扬，实则源于《王征南墓志铭》及《王征南先生传》。人们对内家拳的神奇之处充满了好奇和向往，这也使得内家拳在中国传统武术界的地位日益突出，直至今日仍广为流传，备受推崇。

走进八极拳

一练拙力如疯魔，
二练软绵封闭拨。
三练寸接寸拿寸出入，
四练自由架势懒龙卧。
五练五脏气功道，
六练筋骨皮肉合。

一、千朵桃花一树生

八极有几许

八极拳，这门源远流长的武术流派，全名叫作开门八极拳，寓意开放包容，广泛采纳各家之长，如同八极般深邃、辽阔、全面。它深厚的历史底蕴和广泛的传播范围，使得八极拳在中国武术界占有举足轻重的地位。那些流传的各式各样的叫法，只是代表了不同的门派。就如生在东北的李家的孩子和生在河北的张家的孩子，他们之间并没有本质上的差异，都是生命，只是成长环境和背景不同。

就如同天下的父母都会爱自己的孩子、称赞孩子的优点一样，各门各派对八极拳的传承和发展都有着独特的贡献和见解。然而，有时人们只关注自己孩子的长处，却忽略了其不足。这种现象在武术界并不罕见。有些门派过于强调自己的特色和优势，而忽视了八极拳本身的全面性和包容性。有的父母甚至会将自己的孩子与他人的孩子进行对比，以此寻求心理上的优越感。然而，真正睿智的父母会认识到，每个孩子都有其独特性，无须通过贬低他人来彰显自己的优势。

八极拳的精髓在于其深厚的内涵和广泛的适用性。无论在东北还是河北，张家还是李家，它的本质始终如一，它的内核始终未变。它强调内外兼修、刚柔并济，既注重身体的锻炼，又强调精神的修炼。因此，在学习八极拳时，我们应深入理解其本质，把握其核心。只有这样，我们才能真正领略到八极拳的博大精深，体会到它所带来的身心双重益处。

同时，我们也应该看到，八极拳在后天的传承和发展中，如同人的成长一样，充满了多样性和无限可能。不同的传承者和实践者，根据自身的条件和需求，会对八极拳进行不同的解读和发挥。这正是八极拳能够广泛传播和持续发展的重要原因。

总之，八极拳虽然门派众多、叫法各异，但其本质始终如一。我们应该摒弃门户之见，广泛吸纳各家之长，共同推动八极拳的发展。只有这样，才能让这门源远流长的武术流派在新的时代背景下焕发出更加璀璨的光芒。

风格有千秋

八极拳，作为中国武术中的一种独特拳法，自古以来便以其独特的魅力在武术界占据重要地位。令人惊叹的是，它的表现形式如同万花筒般千变万化、无穷无尽。这种丰富多样的风格并不是偶然形成的，而是与习练者的个性紧密相联、息息相关。

每一位习练八极拳的人，都拥有自己独特的性格、气质、禀赋和才能。这些个性特质会在其拳艺中得到充分体现。这种个性与拳艺的结合，使得八极拳的表现形式丰富多彩，令八极拳充满魅力。

习练者的人生经历也在无形中塑造着其拳路风格。习练者的生活环境、阅历、修养以及对技艺的热爱，都在拳法中得到了体现。来自农村的习练者，其拳法可能充满了乡土气息和朴实无华的力量；而在城市中长大的习练者，则可能更加注重拳法的细腻和技巧。这些人生经历的差异，使得八极拳的表现形式更加多样化，充满无限可能。

随着社会的进步，人们练习武术的目的也日趋多元化。不同社会层次、文化背景、年龄、职业和兴趣爱好的人，对武术有着独特的期望和追求。一些人可能更看重武术的实战性，追求力量和速度的完美结合；而另一些人则可能更注重武术的文化内涵，追求身心合一的境界。这些差异使得八极拳在传承和发展的过程中不断地吸收和融合各种元素，从而丰富了其表现形式。

然而，值得注意的是，多样化的表现形式虽然直观可见，但这只是一种表面现象，短暂多变、个性鲜明。其中，既有反映真实的真相，也有表面的假象。真相是那些能直接展现八极拳本质的现象，如精湛的拳法技艺、独特的发力方式以及深厚的文化内涵等；而假象则可能以否定或扭曲的方式来表达其本质，如一些过于追求形式而忽略内涵的表演性拳法。

在互联网上，我们经常会看到各种关于八极拳的视频和图片。这些资料展示了八极拳风格的多样性，但同时其中也存在真相与假象并存的现象。一些视频可能过于强调拳法的技巧性和表演性，而忽略了其实际的应用价值和文化内涵；而另一些视频则可能更加真实地展现了八极拳的本质和魅力。因此，在欣赏和学习八极拳时，我们要保持理性认知的态度。

总之，八极拳的表现形式如同万花筒般千变万化，其丰富多样的风格与习练者的个性、人生经历以及社会对武术的需求紧密相联。我们需要深入了解其本质和内涵，去伪存真，只有这样，才能真正领略到这门古老拳法的独特魅力。

理为一贯

要探究八极拳的本质，我们需要透过现象看拳理。

首次接触八极拳时，大部分人都容易被其外在的表现形式所吸引，也就是所谓的现象。这种现象可能是华丽的动作、震撼人心的气势，也可能是某种特定的技击方式。马克思曾经指出："事物的现象是外在的表现形式，可能是正确的，也可能是歪曲的。"因此，若仅仅关注现象而忽略了其本质，就像盲人摸象，只能得到片面的，甚至是扭曲的认知。

现象往往是表面的、易变的和肤浅的。它就像一个五彩斑斓的泡泡，虽然绚丽，但一触即破。而本质则隐藏在现象的深处，是稳定的、深刻的和不变的。对八极拳而言，这种本质就是其拳理。拳理是八极拳的灵魂，它贯穿于所有的招式和动作之中，是八极拳真正的内核。

要理解八极拳的本质，就需要进行深入的对比分析和逻辑推理。我们不能仅仅停留在表面的现象上，而应该深入挖掘背后的原因和逻辑。在这个过程中，先辈们传下来的拳理就显得尤为重要。这些拳理是他们在长期的实践和探索中凝练出来的智慧结晶，揭示了八极拳的内在规律和核心精神。

无论是哪种风格的八极拳，无论是由哪位老师传授的，其背后的拳理都是一致的。因此，我们在学习八极拳的过程中，应该注重对拳理的思考和研究，而不是仅仅停留在练习表面的招式和动作上。

当然，老师的指导和学习环境对我们的学习非常重要。一位好老师可以引导我们更快地发现八极拳的本质，而良好的学习环境则可以为我们提供更多的实践机会和成长空间。然而，最终的修炼和领悟还是要靠我们自己的悟性和努力。

综上所述，学习八极拳不仅仅要学习其外在的表现形式，更重要的是要探究其背后的拳理。只有这样，我们才能真正理解八极拳的精髓，掌握八极拳的核心技能。因此，让我们从现象出发，深入本质，用心去体会和领悟八极拳的拳理之美吧！

二、欲起高楼先筑基

夯实结构

"千里之行，积于跬步；万里之船，成于罗盘。"这句话是古人的智慧结晶，它揭示了一个道理：任何伟大的事业，都是从第一步开始的，它看似微不足道，实际上至关重要。同样，当我们踏上学习八极拳的旅程时，第一步也是至关重要的。这一步，就是建立坚实的桩功，我们称之为"结构"。

在日常生活中，无论是巍峨的高楼大厦，还是精密复杂的机械装置，它们的构建都离不开"结构"这一概念。结构，就像是一座建筑的骨架，是支撑和维系事物有序运行的基石。在八极拳的运动体系中，结构的重要性更是不言而喻。人体的骨骼与肌肉是搭建这种结构的天然条件，但是，这里所说的结构并非指我们与生俱来的基础条件，而是需要我们有意识地重新建构，以适应武术运动体系中的特殊需求。

这种结构的建构，需要稳固性与灵活性并存。稳固性使得结构在面对外界的压力和变化时，能够保持内部的稳定，确保整体的完整性和功能性。在搏杀格斗中，稳固的结构就像是一座坚不可摧的堡垒，让我们能够从容应对对手的攻击。而灵活性，则让结构能够适应各种环境的变化，进行必要的调整和改变。在八极拳的实战应用中，灵活的结构让我们能够迅速应对对手的变化，化被动为主动。

在八极拳中，传统的发力方式包括重心移动发力和传导链发力，它们都是在这种稳固而灵活的结构基础上完成的。重心移动发力通过调整身体重心的位置，实现力量的有效传递和爆发。而传导链发力则通过身体的各个部位依次传递力量，形成强大的攻击力。这两种发力方式都需要结构的有力支撑才能发挥出最大的威力。

因此，学习八极拳的第一步，就是要建立起稳固而灵活的结构。只有通过不断练习和磨砺，才能逐渐完善这一结构，使其真正成为我们搏击的利器。在这个过程中，我们不仅要注重技术的掌握，更要注重身体素质的提升和心理素质的锻炼。只有这样，我们才能在八极拳的道路上越走越远，最终实现自己的武术梦想。

总之，千里之行，始于足下。学习八极拳的第一步，就是建立稳固而灵活的结构。这不仅是技术层面的要求，更是对我们身心素质的综合考验。只有不断地努力和实践，我们才能真正领悟这一拳法的精髓，在武术的世界中展现出属于自己的风采。

两仪桩

两仪桩作为八极拳的起始之态，是一种深具内涵的静态结构。它的命名不仅是对八极拳拳理的高度概括，更是这一传统武术体系的核心指导思想的体现。那么，什么是两仪呢？这是一个源自中国古典哲学的关键术语，其核心理念在于阴阳。

阴阳，是中国古代哲学体系中最基础、最核心的概念之一，描述了宇宙中两种既相互对立又相互统一的力量。这种对立与统一，如同昼夜交替、四季更迭，展示了事物生长、发展和变化的全过程。在八极拳的两仪桩中，这种对立统一的哲学思想得到了充分体现。

从外在结构上看，两仪桩要求习练者保持身体平衡与稳定，如同山岳般稳固。这种平衡不仅体现在身体的姿态上，更体现在内在的气息流动和意念的集中上。这种平衡正是阴阳对立统一的具体表现。

从内在意识上说，两仪桩强调阴与阳的相互制约。在这个过程中，阴与阳在对立中寻求统一，以达到一种动态平衡的状态。这种平衡，正是八极拳所追求的整劲的内在表现。

两仪的概念也是八极拳练习过程中的重要指导思想。它不仅要求习练者在动与静、刚与柔、变与不变之间寻求平衡，更要求其在这种平衡中体验和理解八极拳的精髓。这种平衡，不仅体现在拳法的运用上，更体现在习练者的日常生活和内心世界中。

具体来说，在两仪桩的练习过程中，习练者要先站好，调整呼吸和意念，使身体逐渐进入一种松静自然的状态。在这个过程中，习练者需要时刻保持身体平衡和稳定，如同山岳般稳固。

随着练习的深入，习练者会逐渐感受到身体的每一个部位都在阴阳二气的运化中相互呼应，在动与静、刚与柔、收与放、松与紧、快与慢、变与不变之间寻求一种平衡。

总的来说，两仪桩作为八极拳的起始之态，符合阴阳哲学理念，是对八极拳拳理的高度概括，同时也是其核心指导思想的体现。它要求习练者在阴阳对立统一中寻找平衡，在平衡中体验和理解八极拳的精髓。这种平衡不仅是一种运动形式的表现，更是内心对修为境界的追求。

在八极拳的练习过程中，两仪桩的重要性不言而喻。它是习练者迈向更高境界的必经之路。只有真正理解和掌握了两仪桩的内涵和要求，才能在八极拳的道路上走得更稳、更远。因此，我们应该深入学习和领悟两仪桩的精髓，并将其融入我们的日常生活和拳法练习中，以不断提升自己的境界和水平。

八极拳两仪桩的外部形态要求，从上至下分别是：熊顶、龙颈、沉肩、坠肘、含胸、拔背、敛臀、收腹、开膝、内扣。

熊顶、龙颈是对我们头部与颈部的要求。站两仪桩时，头部须保持正直，稳定而不动，仿佛熊之顶天立地，龙之长颈挺拔。同时，下颌应轻轻内收，舌尖轻抵上齿龈，牙齿微合。

沉肩、坠肘，并不是说要刻意用力下压肩膀或过度弯曲肘部，相反，它是一种身心放松的状态。轻轻耸起肩膀，然后自然放下，便是沉肩，动作要自然流畅。肘部则随肩而动，保持姿势稳定的同时，似乎带有一丝下坠之意。

含胸、拔背与敛臀、收腹，相辅相成。深吸一口气，胸部微挺，随后缓缓吐气，形成含胸状态。但需注意的是，含胸不可过度，以免呈现驼背之态。含胸时，上背部自然呈现出拔背的状态。而敛臀，则是将尾骨微微

内收，感觉自己脊柱伸直，腹部也随之自然收起。通过含胸与敛臀，我们便能轻松达到拔背与收腹的状态。这种姿态的调整旨在延展脊柱，以便更好地传导力量。

开膝、内扣，这要求膝盖保持外撑状态，脚尖则有内扣之意。这种外撑与内扣的结合，使得双腿肌肉紧绷，自然形成了八极拳两仪桩下紧上松的独特姿态。

三、万相皆由心意起

上一节中，我们探讨了两仪桩的外部结构，本节我们将深入探讨其内在意识的奥秘，内外相应，恰似两仪的阴阳互补，缺一不可。"有外无内不成术，有内无外难成拳"，此语道出了武术的精髓。若仅有内在的精神、意念和气势，而无外部形体动作的协调配合，那么这份内在的力量将难以转化为有效的行为方式，更无法在技击中发挥作用。反之，若仅有外部的动作形式，而缺乏内在的精神、意念和气势，那么这种拳术将是空洞无物的，难以真正用于抵御外敌。因此，习武者强调内外兼修、刚柔并济。内在的思想意识、精神状态和道德修养等无法直接展现，必须通过外在的表现形式来呈现。在武术中，我们将纯粹的内在力量称为"劲"，而外在的表现形式则称为"力"。这两者完美结合，便形成了独特的"劲力"。在八极拳的体系中，劲与力各自独立又相互融合，共同构成了三劲六力的独特武术体系。这其中的十字劲、沉坠劲、缠丝劲，都代表着独特的思想意识。

1. 十字劲：光芒四溢的明珠

十字劲是一种向外扩散、充盈四方的独特劲力，仿佛从身体深处散发出无形的力量。在站两仪桩时，你可以将自己想象成一个充满光芒的存在。这光芒不是平面的，而是形成立体的十字状，从身体中心向上下左右、四面八方无限延伸。这种劲力如细水长流，不断地灌输，使你感觉自己的身体变得更加雄浑有力，触觉也愈发敏锐，仿佛能感知周围极其细微的变化。在这种状态下，你仿佛成了一个与世界紧密相联的存在，力量与感知交织在一起，使你更加稳健、坚定。

重心

十字支撑

2. 沉坠劲：自然的松弛之态

　　沉坠劲有一种深深融入自然的松弛之态。练习两仪桩时，不妨设想自己正沐浴在潺潺流水之中，水流如丝如缕，沿着你的身体轻轻滑落。抑或

松弛沉坠感

想象你的骨骼如同衣架，稳稳地支撑着整个身体，而皮肉则如同柔软的衣物，轻柔地覆盖在骨骼之上。这种沉坠而松弛的状态，让你的身体变得更加稳固而有力，如同古树深深扎根于地下，历经风雨而不动摇。

3. 缠丝劲：江河奔腾的流动性

与十字劲和沉坠劲的静止状态不同，缠丝劲是一种旋转与流动的劲力。它如同江河奔腾，周而复始，循环往复，赋予了习练者更多的变化与灵活性。十字劲与沉坠劲呈现出一种静态的稳固，缠丝劲则以其旋转的动感和流动的韵律，赋予习练者更多的变化与灵动。

螺旋缠绕

4. 三劲的融合与应用

十字劲、沉坠劲和缠丝劲并不是孤立存在的，相反，它们相互融合，互为补充，共同构成了武术内劲的完整体系。

在八极拳中，两仪桩是基础且重要的桩功，可以锻炼习练者的身体调控、意识凝聚以及内在力量。这种桩功的独特之处在于它能将三种意识——松弛与紧张、沉稳与灵活、静默与活跃——巧妙地融于一体，使习练者身体内外达到微妙的平衡与和谐。

在练习两仪桩时，身体各部位需要保持适度的松弛，避免过度紧绷而导致僵硬。这种松弛并非懈怠，而是要在保持肌肉弹性和活力的前提下，让身体自然放松。同时，紧张感也不可或缺，它能让身体保持稳定的姿势，避免摇晃或失去平衡。这种紧张状态应当是有控制的，而不是僵硬的。只有在松弛与紧张之间找到平衡点，才能达到"松而不懈，紧而不僵"的身体状态。

除了松弛与紧张的平衡，两仪桩还要求习练者在沉稳与灵活之间找到最佳的平衡点。沉稳是指身体重心稳定，脚下生根，能够抵御外部力量的冲击；而灵活则是指身体能够随机应变，迅速调整姿势和动作。这种沉稳与灵活的结合，能让习练者在应对各种情况时保持冷静，同时又不失敏捷。

两仪桩强调静默与活跃的内在平衡。在练习过程中，习练者需要保持内心的平静和专注，避免杂念干扰。同时，这种静默并不意味着完全静止不动，而是要在保持内心平静的基础上，让身体的各个部位保持适度的活跃，形成"静而不寂"的状态。

这种劲力平衡的身体状态并不是一蹴而就的。它需要在意识引导和外部结构的加持之下，通过反复练习和体悟逐渐形成。随着练习的深入，这种身体状态将会自然而然地形成。它不仅是武术技术的凝集，更是内在精神的体现。

总的来说，两仪桩是一种融合了多种劲力的武术桩功，它通过调控身体，帮助习练者在松弛与紧张、沉稳与灵活、静默与活跃之间达到平衡，进而实现身心的和谐统一。这种身心状态不仅有助于提升武术技巧，还能使习练者在日常生活中展现出从容、稳健的精神风貌。

四、一式至精，百拳尽通

1. 撑锤

　　许多经验丰富的武术大师都坚信，一旦掌握了撑锤这一技巧，就等于掌握了八极拳的一半精髓。这听起来或许令人难以置信，但事实确实如此。撑锤凝聚了八极拳的基础结构与步法精髓，贯穿于整个八极拳体系中。无论是重心移动发力还是传导链发力，都在撑锤中得到了充分的体现。

　　在完成静态的两仪桩结构练习后，撑锤便是第一个让你动起来的拳式。它像一扇通往更高境界的大门，引导你去感受八极拳那刚猛的发力方式。让我们一同踏上这段精彩的武术之旅，开始探索撑锤的魅力吧！

　　你需要先站好两仪桩。

　　然后变为拉弓势，把一只手臂慢慢放平。注意，手腕要平直，稍向里扣，拳不要攥得太紧，拳是空心的，五指轻轻收拢。要仔细体会轻松的状态。肘尖微微下沉，不能太直，也不能太弯。目光要看向远方，但不能抬起下颌。

对撑

抬头

挺胸

直臂未坠肘

背肘

未收腹

八字脚

八字脚

保持住这个姿势。现在，你可以利用腰胯极速旋转的力量带动双脚，转向你目光所至的方向。注意，上半身没有任何变化，双脚应该完全贴住地面旋转，要放松身体。双腿承载身体的重量，重心呈四六分配，前四后六，称为四六步。

向前移动时，后脚蹬地，踝关节、膝关节、髋关节协同把身体催发出去，这称为三环发力。前脚只需轻轻抬起，注意不要向前迈步，以后脚催动整个身体前进，前脚落地要稳，后脚要跟，磨膝擦胫，似雄鸡独脚而立。如果你不能顺利完成这个动作，可以先用后脚尖轻轻点地，以支撑摇摆不定的身体。这称为跟提步、鸡步或技击步，还有很多叫法，但这不是关键，关键的是这个步法很重要。

只用一条腿支撑整个身体会很累，现在可以把悬着的后腿向前迈出了，注意，重心不可前倾。上半身依然保持不动，跨出的腿步幅可以大一些，保持住这个姿势。现在好像并不比一条腿站着轻松。这是准备练习发力的姿势。

现在，尽量放松身体，深吸一口气，随后快速转动腰胯，双手、双脚都因腰胯的转动而被带动，双手前后交错，形成一种方向相反的力量，称为二争力。想象双手交错的瞬间是在撕扯某件东西，刹那间撕裂它。与此同时，双脚转动如钻，向下钻。当然，你不可能真的钻入地下，这只是一种假想。这里有一个非常关键的技术点，在双脚旋转的同时，后腿应该被拖动，你要有意识地用一种向内合跨的力量拖动它。脚尖也要向内合扣，以保持劲力的整体性。这称为旱地行船步。还记得深吸的那口气吗？在双手交错的同时，将气短促而有力地挤压而出，像擤鼻涕一样，这称为擤气。你也可以发出声音，比如"哼"或"哈"，但不要喊出声。此时，如果你缓缓收回打

重心

肘手平行

肘手未平行

交错

前撑

后拉

腰胯旋转

拉弓式

出的拳后依然能保持两仪桩的姿态，就说明你在一系列动作之后并没有丢掉结构，这就完成了正确的撑锤训练。

总结一下撑锤。它是八极拳训练体系之中非常重要的一个单式，动作非常简单，但蕴含的内容十分丰富。它包含了两仪桩的间架结构，练习了三环发力的整体催动、二争力的动态平衡，实现了力的传导，稳固了下盘，训练了步伐移动与呼吸配合。所以，老前辈们讲，练好撑锤就等于练会了一半的八极拳，此言不假。如果你是初学者，一定要一步一步地认真完成这些动作，用心去感悟它们。你如果能把这一式练到毫无偏差，就可以省略掉过渡的动作，从而使之看起来更流畅、更赏心悦目。这些动作都需要左右式反复练习。

2. 撑掌

撑掌就是把拳换成掌，和撑锤的训练过程完全一样，可以参照撑锤的步骤练习。我们只着重讲解一下掌形与出掌的过程。撑掌中的掌是一种自然状态下的掌，五指自然分开，手指微微收拢。与一些拳谚中"攥拳如卷饼，出掌似瓦垄"的状态完全相反，撑掌要的是一种自然放松的状态。

撑掌在撑锤的基础上增加了训练内容，它不再像撑锤那样直来直去。一只手臂旋转、滚动向前，如锉；另一只手臂旋转、滚动向后，如钩。你不再是直来直去地向前击打单一的目标，而是任何接触到你手臂的物体都会被带动牵扯。出手如锉，回手如钩。此时，在你的大脑中就应该深深地埋下这种意念。最后的发力点应该突出你的掌根，踏掌寸力。

"出手如锉，回手如钩"的意识与动作习惯，由此开始慢慢建立。

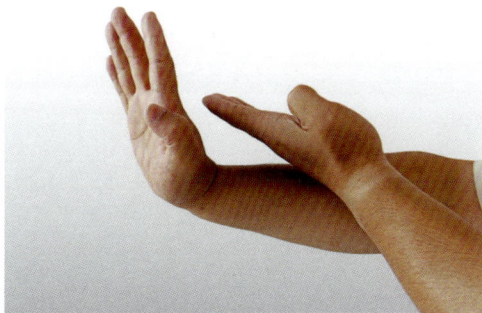

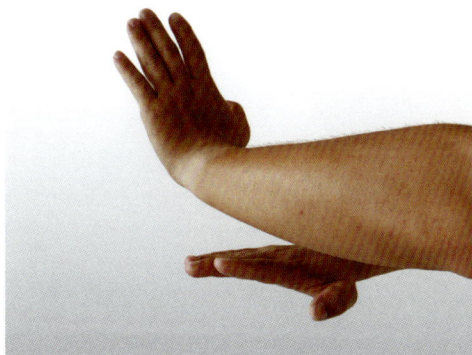

3. 降龙

站好四六步（详见"撑锤"部分），双手抱成一个圆。然后，攥拳，向外翻转。

利用三环发力的方式，将身体催发而出。后脚蹬，前脚跨向身前45°方向。同时，双拳内旋，腰胯急转，一拳击向自己的小腹，擤气，一拳击向天空，眼随手动。眼到、手到、脚到，手脚齐到方为能，神随意转始见真。

随后上后脚，恢复下页左上图中状态，左右式反复练习。

握拳外翻

握拳外翻

斜上

斜下击腹

腰胯外旋

斜跨步

三环发力

外旋

外旋

降龙延续了两仪桩、撑锤、撑掌中所有的结构与动力的传导方式，只不过改变了发力的方向，增加了抗击打能力的练习。它的难点在于，身体被催发而出，是通过极速的脚蹬腰转的动力传导，所以重心的稳定性很难把握，身体不能过度前倾，后脚也不能停留在原地。现在重心在两脚之间变成了五五分配，但应该能随时转换，因为此式十分灵活，可以随时变化。

4. 伏虎

这是一个很复杂的动作，包含的内容很多，对身体的协调能力是一项挑战，也是一种锻炼。降龙是一个向上发力的动作，而伏虎是一个向下发力的动作，双手由上至下，所以要先把双手运行到头上方，这是一个复杂但很有趣的过程。

先摆出撑掌的姿势，然后左掌变钩，右掌下按于髋部后方。

转动身体，前移重心，有拔地欲飞之势。同时，左手变掌向后，右手沿肋部向上，经过面前，形似猫儿洗脸。

提挑

撑按

左手回抱，右手经面前环绕，向上变钩。左脚同时蹬地，将身体弹射而出，右脚向前踢出，双足落地，要有崩弹之意、提抱之力。右手向前伸

搓踢

上步

出，略高于额头，左手护其小臂一侧，右脚向前迈出。

　　左脚蹬地，右脚跨步，双手自上而下、自前而后呈弧线形运动，有拍击、摞带、抓扯之意，似虎豹之扑，呈腾跃之势。左脚继而发力，双掌经胸前平推而出，涌动而发，似排山倒海。

双掌并拢

弧线下按

右手变钩，左手按于髋部后方，呈伏虎起式状。

左右式反复练习。

　　伏虎开启了一种新的发力训练，在腰胯旋转的同时，增加了脊柱的崩弹之力，身体如同弹簧般被挤压收紧，然后突然松开，呈上下崩弹之势。腰胯扭转的回抱之力，与上提下踩的脊柱崩弹之力，完美统一地组合在一起。前扑后曳再前扑的涌动发力方式，使身体协调性的训练又提升了一个层次。

5. 劈山

　　接上动，前手撑，后手提于耳侧，前手同侧足尖点地，支撑腿微屈。

　　支撑腿（右腿）发力，催动身体，左脚斜跨步，前手（左手）回采于腰胯，后手（右手）自耳侧向下、向前呈半弧形劈出，侧立掌，擦气发力。要点：后手呈半弧形劈出，指尖上挑，兼顾二争力、涌动力。

　　劈山是一个很简单的动作，对结构的要求不是特别严格，但其运动形式应该像水一样流动，手的起伏如同水中上下浮沉的鱼，身体像流淌的河水，时缓时急，时起时伏。刚开始练习时，你可能很难感觉到身体在流动，你可

提

沉

撑

三环发力

坠肘

能依然像练习撑锤时一样，一式一动，但熟练起来后，你的身体就会流动
起来。

6. 栽锤

栽锤的起式和降龙一模一样。

利用腰腹的折叠带动左脚踢出，向斜下方送出右拳，左手回防于脸颊侧。同时，右脚蹬地，催发身体向前腾空冲出，双臂合击于身前，擀气。两脚落地，双臂因擀气时的反弹力向外崩开，式成。

向前上步，恢复至起式。左右式反复练习，动作要领相同。

　　栽锤的发力动作在于腰腹部的折叠与开合，身体向前的动力依然来自三环发力的后腿蹬地。这是一个攻守兼备、打防一体的动作，重点在于向前向下的栽出、向里向内的合抱，向外的崩弹是一种自然的反应。这是一个很霸道的拳式。

7. 探马掌

　　一手前，一手后。左脚前，则左手后；右脚前，则右手后。足尖点地腿微屈，沉腰坐胯目视敌。手出中线三尖照，沉肩坠肘蓄势起。

　　同手同脚同侧出，后足蹬地如虎扑。前手好似蛇出洞，后手回拽至腰腹。一足落地一足起，一手出完一手出。三手连出疾如风，虚实转换要分明。

　　探马掌是同手同脚同侧而出的拳式。刚开始练习的时候，可以一步一步地完成，随着动作逐渐熟练，身体协调度提高，这就成了一个跑着打的拳式。它的运力是双手不停地滚动，双手沿中线呈椭圆形循环往复而出，手和脚同进同退、同动同止，这将对你的身形及步法有很大的提高。

坠肘

坐胯

8. 虎抱拳

　　这是一个简单的动作。起始动作为：双脚开立，与肩同宽，然后下蹲，大腿平行于膝盖，双手合抱于胸前。

裹

沉

　　双脚蹬地，纵向跃起。双手向上画圆，最大限度地舒展身体。落地，恢复至起始动作。

　　扭转身体至反方向。双脚分开成马步，双手向两侧崩弹，撺气发力。重复跃起、落地的动作。

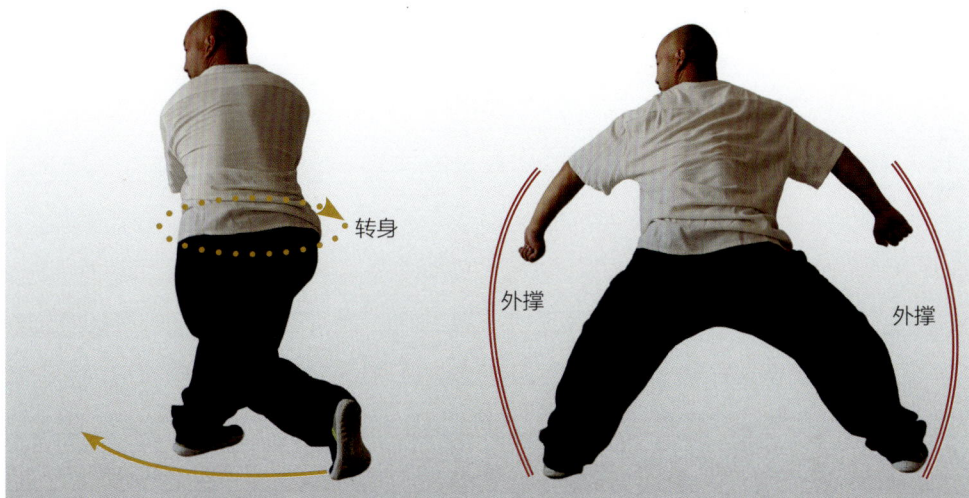

转身

外撑　　外撑

　　虎抱拳是金刚八式中最简单的动作，只用于训练体能，提高心肺功能和身体的爆发力、灵活性。要知道，所有的技术都需要强壮的身体作为支撑。如果你还年轻，那么就尽情地跳跃吧！

9. 金刚八式解

　　佛问："何谓金刚？"答曰："无能截断者。"

　　据传，金刚八式为李书文先生与李瑞东先生交流换艺整理而得。此八式并非实际应用之招法，而是着重于对身体的开发与改造。它是对习练者的手眼身法步、精神气力功的全面提高与改造，这些方面练熟、练精了，习练者就具备了习武所必需的条件。习练者将此八式练至精、悟至透，则百拳尽通矣。

　　金刚八式，内强精神，外顺劲力，发力刚猛沉厚，动如雷鸣电闪，静如卧虎伏龙。以金刚命名，意指习练者身心应如金刚之坚，以获摧伏外道、击败邪魔之力。其法之妙，其意之深，可见一斑。

五、身备六力用八打

六力

1. 顶

顶力，它是十字劲的精髓，是实现冲撞、拒止、支撑等动作行为的基础力量。

在武术中，顶力并非简单的蛮力，而是通过不断练习掌握精细的技巧，协调身体各关节和肌肉，使身体各部位紧密配合，从而形成一股强大的力量。

要发挥顶力的效果，步伐的移动和重心的调整至关重要。在武术中，步伐的灵活多变是发挥力量的关键。合理的步伐调整可以使身体保持稳定，同时能够更好地将顶力传递至目标部位。而重心的调整则影响到顶力发挥的效果。只有在重心稳定且合理的情况下，顶力才能得以充分发挥，达到预期的效果。

顶力在武术中的应用非常广泛。在冲撞动作中，顶力能够使身体在冲撞的瞬间保持稳定，同时产生强大的冲击力，将对手击退。在拒止动作中，顶力能够支撑身体，使身体在受到外力作用时不易被推倒或撼动。在支撑动作中，顶力能够增强身体的稳定性，使身体保持某一姿势而不松懈。

此外，顶力的发挥还需要注意身体的协调性和力量的控制。在发力的过程中，需要保持身体的整体协调，避免单一部位过度用力。同时，还需要根据实际情况灵活调整发力的方向和力度，以达到最佳的效果。

综上所述，顶力作为八极拳中重要的基础力量，需要通过不断练习来掌握精细的技巧。它不仅能够提高武术动作的威力，还能够增强身体的稳定性和协调性。在八极拳的实践中，我们应该重视顶力的练习和应用，以达到不断提升自己的武术水平的目的。

2. 抱

抱力，这一独特而富有深意的概念，描绘了一种由外向内合拢的力量。它不仅仅是一种简单的物理力量，还是一种内在的精神力量。抱力的实现需要周身的协同，我们的身体、精神、意识需要达到高度的统一和协调。身心合一，才能够真正发挥出抱力的力量。展而束之、散而聚之、收而迅之、小而无内，是抱力的重要特征。

3. 掸

掸力，是一种独特而精妙的力量表现方式，仿佛鞭子迅猛而精准地甩出抽击。这种力量不仅轻利迅捷，更蕴含着深厚的武术智慧。力量从根部发出，迅速传达至梢节。胯为足之根，肩为手之根，腰为身之根，胯、肩、腰三者在掸力的施展中起到了至关重要的作用。

在施展掸力时，胯部的灵活转动和力量的传递直接关系到击打的准确性和力量的大小。

作为手之根，肩部承担着将力量从身体传递到手臂的重任。在击打时，肩部不可僵硬，以免影响力量的传递，要松弛而有力，确保有足够的力量传递到手臂和手掌。

腰部作为身体的中心轴，更是掸力施展的核心所在。腰部力量的运用，不仅关系到掸力的发挥，还影响着整个身体的协调性和稳定性。通过腰部的转动，全身的力量汇聚于一点，从而爆发出强大的掸力。

在掸力的施展过程中，胯、肩、腰三者的协同作用至关重要，它们共同构成了掸力的基础，使得这种力量能够像鞭子一样击打而出，轻利而迅捷。

4. 提

提力，即自下而上的力量。腿部的屈伸、脊柱的崩弹，是提力发放的关键。

提力是源自腿部的力量。在发力过程中，腿部肌肉的收缩与舒张为整个身体提供了强大的动力。通过有效的腿部屈伸，我们能够更好地利用地面反作用力，将力量从下往上传递，进而实现高效的力量发放。

脊柱的崩弹可使腿部力量加速传导，是提力发放的关键环节。脊柱是人体结构的支柱，连结着头部和下肢。在发力过程中，脊柱的崩弹能够使身体各部位协调配合，实现力量的整合与传递。当腿部力量传递到上半身时，脊柱的崩弹能够帮助我们将力量集中并导向目标方向，从而实现精准打击或稳定支撑。

在练习提力的时候，除了加强腿部肌肉的训练、注重身体柔韧性和协调性的培养，还应该关注发力与呼吸、意念的配合。在发力过程中，有节奏的呼吸能够帮助我们更好地调节身体状态，稳定情绪；而意念的集中则有助于我们更好地感受力量的流动，实现力量的精准发放。

综上所述，通过加强腿部肌肉的训练、提升身体柔韧性与协调性，以及注重发力与呼吸、意念的配合，我们能够不断提升自己的提力水平，并在实际应用中使之发挥出更好的效果。

5. 挎

挎力，这是一种独特的力量形式，源自身体各个部位之间上下、左右、前后相互交错所产生的合力。这种力量的发放离不开腰胯的开合扭转，这是挎力发放的本源。

腰胯作为人体的核心部位，连结着上、下半身，是力量传递和转换的关键。腰胯的开合扭转能够引导全身的力量流动，使各个部位能够协调配合，并使各个部位产生的力形成合力。挎力的形成还离不开身体其他部位的配合和协调。例如，四肢的摆动、躯干的旋转等，都能够为挎力的发放提供必要的支持和帮助。因此，在练习挎力的过程中，我们需要注重全身的锻炼和协调性的提升。

6. 缠

缠力，这一独特的力量形式，蕴含着无尽的奥秘与魅力。它是一种螺旋缠绕、周而复始、流动不息的力量。

缠力的运用体现了自然的运动规律。例如，龙卷风便是风力与地面气流相互作用形成的螺旋状的气流，龙卷风的强劲展示出缠力的威力。再如，水在河道中蜿蜒、藤蔓在树上攀爬等，这种力量生生不息，连绵不绝。这种力量在武术中的展现，是通过其独特的螺旋缠绕的动作将力量传递于对手或将外力化解于无形。这是一个能量传递与转化的过程，是阴阳相互作用、相生相克的结果。

7. 六力小结

八极拳中的六力，并不特指某一招式、某一动作。这六种力量基本涵盖了人体运动时所产生的所有力量，可以通过八极拳中一些特定的招式动作进行强化练习。将此六种力量练上身，使其能自然而生，即六力合为一身。在实际应用中，六力并非孤立存在的，而是相互联系、相互影响的整体。

八打

八打指人体有八个部位可以作为击打的武器。

1. 头打

"头打去意随身起，顶撞突击莫迟疑。"这是武术中的一句谚语，强调了实战中的关键策略。

"头打去意随身起"意味着在攻击时，意念与动作应完美结合。武者须全身心投入，使意念与动作融为一体。当头部引领攻击时，意念也应紧随其后，以增强攻击的力量和效果。

"顶撞突击莫迟疑"则强调了实战中应果断与勇敢。面对对手时，一旦发现其破绽，就应毫不犹豫地发起顶撞突击，以求一击必中。

此外，这句话还体现了武术哲学的精髓，即在修炼中既要提升技艺，也要注重调整心态和意念。深入理解并应用这句话，可以帮助我们提升武术技艺和修养水平。

2. 肩打

"肩打一阴反一阳，提撞开合需得机。"这句武术箴言揭示了阴阳转换和战机把握的重要性。阴阳在武术中代表对立互补之力。肩打是利用肩部进行攻防转换的技巧，所以在攻击时应灵活应用阴阳原理，刚柔并济。此外，运用肩打时须敏锐捕捉战机，把握时机。

武术不仅是身体技艺的修炼，更是智慧和策略的体现。实战中，应根据对手情况灵活调整战略和战术。因此，在平时的训练中应培养观察力、判断力和应变能力。

3. 肘打

"肘打缠顶挑劈砸，近得身来才得法。"这是中国传统武术中的独特战术。肘打作为近身攻击方式，在近距离时方能发挥威力。在实战中，如果打算采用肘打，则应拉近与对手的距离，并随时准备应对对方的防守反击。结合步法、身法、手法可提升肘打的威力。中国武术博大精深，肘打只是其中之一。我们应根据情况，灵活应用各种技巧和战术。

4. 手打

"手打之法繁如星，去繁从简快即赢。""手打之法繁如星"中的"繁"是指技法繁多。

在中华武术的浩瀚海洋中，手打之法犹如繁星点点，数不胜数。这些手法各具特色，有的刚猛无匹，有的灵活多变，有的含蓄内敛。手打之法的多样性是中华武术的魅力所在。这些手法融合了拳法、掌法、爪法、指法等多种技艺，形成了独具特色的武术体系。

然而，这也给初学者带来了极大的挑战。面对众多的手法，很多人会感到无从下手，甚至产生畏难情绪。因此，我们需要学会去繁从简，从众多的手法中挑选出适合自己的技艺进行精研。

"去繁从简快即赢"中的"繁"指动作烦琐。"去繁从简"并不是说我们要舍弃复杂的技巧，而是指在保留核心技艺的同时，去掉烦琐、多余的动作，使动作更加简洁明快。这种简化并非一蹴而就，而是需要我们在实践中不断摸索并总结经验。熟练掌握了一种手法后，我们便能逐渐发现其中冗余的部分，进而对其进行优化。

去繁从简的做法有很多好处：简洁的动作更容易发挥出力量，也更容易让对手措手不及，同时，简洁的动作也更容易掌握和运用，从而提高我们的实战能力。

此外，去繁从简也有助于我们更好地领悟武术的精髓。武术不仅是一种技艺，更是一种修身养性的方式。在追求技艺精湛的同时，我们还应关注内心的修养。去繁从简能够帮助我们更加专注于技艺的核心，从而更好地领悟武术所蕴含的哲理。

5. 胯打

"胯打中节并相连，左右相合法自然。"在八极拳中，胯打是一种独特且富有技巧的击打方式，其特点在于巧妙运用胯部的力量，胯部与上肢、下肢协同作战，可以达到攻敌不备、克敌制胜的效果。"胯打中节并相连"，这里的"中节"指的是身体的中部，即腰胯部位。八极拳之所以强调中节的运用，是因为腰胯是身体力量的源泉，也是连结上、下肢的枢纽。胯部的灵活转动可以将全身的力量汇聚于一点，产生强大的打击力。"相连"则是指胯打时上、下肢之间需要保持紧密的配合，形成连贯的攻击动作。这种配合需要经过长期的训练和实践，才能逐渐达到自然协调的境界。

"左右相合法自然"，是在强调左、右两侧的身体部位需要相互配合，协调一致。当左侧胯部发动攻击时，右侧的身体部位应起到辅助和支撑的作用，反之亦然。此外，胯打还可以与其他招式相结合，形成多种组合攻击，使对手防守起来更加困难。

6. 膝打

"膝打提撞跪摆顶，妙在出手人不知。"膝打，作为武术中一种独特的攻击方式，以其迅猛、隐蔽的特点而备受推崇。膝打包含提膝、撞膝、跪膝、摆膝和顶膝等多种变化，在出手时能令对手措手不及，无法预测我们的动作。下面我们将详细探讨膝打的各种技法及其在实战中的应用。

提膝，是膝打技法中的基础动作，主要目的是将膝关节提升至最佳发力点，以便进行后续的攻击。提膝时要注意腿部肌肉的协调用力，保持身体平衡，以便随时发起攻击。在实战中，提膝常与假动作相结合，使对手误以为你要进行腿部踢击，从而暴露其破绽。

撞膝，是利用膝关节的硬度和冲击力进行攻击的一种技法。在实战中，当对手靠近时，可迅速提膝撞向对方的腹部或肋部，给对方造成重创。撞膝时，要注意集中力量、快速出击，力求一击必中。

跪膝，是膝打技法中一种较为隐蔽的攻击方式。在实战中，当对手疏忽大意或站立不稳时，我们可迅速下蹲成跪姿，同时用膝关节撞击对方的裆部或小腿，使其失去战斗力。跪膝技法的关键在于快速而准确地捕捉战机，以迅雷不及掩耳之势发动攻击。

摆膝，是膝打技法中一种较为灵活的攻击方式。在实战中，当对手从侧面靠近时，可迅速转身，摆动膝关节，以膝部外侧或内侧撞击对方的腿部或肋部。摆膝技法的优势在于它能够灵活应对来自不同方向的攻击。

顶膝，是膝打技法中一种极具杀伤力的攻击方式。在实战中，当与对手近身搏斗时，可在适当的时机迅速将膝关节向前顶出，撞击对方的面部或胸部。顶膝技法的关键是力量要集中、速度要快，它能够给对手造成严重的伤害。

总的来说，膝打技法在实战中具有很强的实用性。要想熟练掌握这一技法，需要经过长期的学习和实践，注重力量训练、协调训练以及反应速度的训练。同时，在运用膝打技法时，应审时度势，因敌制胜，灵活选择，以达到最佳的攻击效果。

7. 足打

"足打踩意不落空，消息全凭后足蹬。"足打，这个技法既深奥又实用，并非单纯、直观的技法，其精髓在于主宰行进的脚步，若运用得当，可发挥出惊人的威力。

脚步的移动与变化，犹如乐章中或高亢或低沉的音符，直接关系到攻击与防守的成效。"足打踩意不落空"中的"踩意"二字，是武术中"意到身随"思想的生动体现。所谓"踩意",即以意念为先导引领脚步移动,使步伐与心意相融,每一步都踏得沉稳有力。只有这样,才能随心所欲,运用自如。

"消息全凭后足蹬",此言强调了后足蹬力在武术中的重要性。在激烈的格斗中,后足的蹬力犹如战士的利剑,既能为身体提供前进的动力,又能为攻击增添凌厉之势。有力的后足蹬不仅能使攻击更加迅猛有力,而且能使身体保持稳定,为后续的连续动作打下坚实基础。

8. 尾打

"尾打起落不见形,灵光一闪见分明。"尾,在这里指的是人体的臀部、尾闾,即腰胯之下与整个身体运动态势息息相关的关键部位。它如同人体之舵,看似无运动之形,却主宰着身体的沉浮之势。尾部的动作虽然不易察觉,却影响着整个身体的动态平衡。尾部不能完成独立的攻击或防守动作,但身体的每一个动作都离不开尾部的微妙调整。它与腰胯相连,共同构成身体的中枢大核心区。这个区域不仅承载着身体的重量,还是身体力量传导和转化的重要节点。在动作的执行过程中,腰胯的转动和尾部的协调配合能够使身体的力量得到更好的发挥和传递。

9. 八打小结

八极拳中的八打是指利用身体的八个部位进行击打,并非八个招法。这八个部位堪称既独立又统一的人体武器。每个部位的运用都有其相应的规律。在武术技法运用中,各个部位需要相互配合,以最适宜的击打部位进行攻击或防御。

六、八极小架

八极小架，历来被尊称为"拳之母架"。它不仅是对前期基础练习的全面总结，更是八极拳技艺的精髓所在。在八极拳的学习过程中，小架套路起着举足轻重的作用，它囊括了前期单个动作中的结构、步法、发力以及意识等诸多要素。小架套路训练是初学者向高手迈进的关键一步。

在学习八极拳的道路上，小架套路的研习至关重要。它如同一面镜子，映射出习练者在前期基础练习中的点点滴滴。通过不断演练小架套路，习练者能够逐步发现自己在动作结构、步法运用、发力技巧以及意识培养等方面的不足，进而进行针对性的改进和完善。

小架套路中的动作结构严谨而细腻，习练者需要精确地掌握每一个动作的要领。通过不断演练和体悟，习练者能够逐渐领会到八极拳独特的技击风格和内在精神。同时，小架套路中的步法也至关重要。八极拳的步法讲究稳健而灵活。通过小架套路的练习，习练者能够逐步掌握步法的运用技巧，提高实战中的移动速度和稳定性。

在发力技巧方面，小架套路同样有着丰富的内涵。八极拳以刚猛著称，在发力时，习练者需要具备充足的内在力量和爆发力。通过小架套路的练习，习练者能够逐步掌握正确的发力方法，将内在的力量有效地转化为实战中的攻击力。

除此之外，小架套路还注重对习练者意识的培养。在八极拳的技艺中，意识的作用不可忽视。通过不断演练小架套路，习练者能够逐渐培养出冷静、果断、勇往直前的战斗意识，这对提高实战能力具有重要意义。

综上所述，八极小架作为拳之母架，在八极拳的技艺体系中占据着举足轻重的地位。它是对前期基础练习的全面总结。通过不断演练和体悟小架套路，习练者能够逐步领会到八极拳的精髓所在，进而提高自己的实战能力。因此，对每一位热爱八极拳的习练者来说，深入研习小架套路无疑是成为高手的必经之路。

套路

1. 悟空问路头一请

自然站立，身体逐渐前倾。

疾跨左步。右足搓提，足尖上钩。左膝弯曲。双手握拳自下而上捧出至头面部高度。右足踢出后迅速回收至左腿侧。

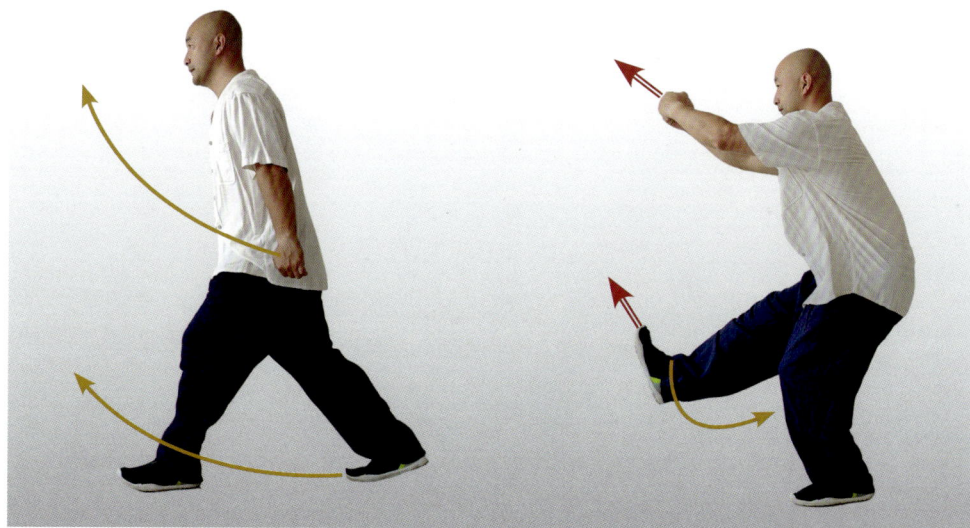

坠肘

坐胯

2. 擢打顶肘奔胸膛

支撑（左）腿三环发力，蹬地，将身体向前催发。左臂回撤，右臂屈肘，呈两仪桩姿态。

3. 十字插花逞刚强

右腿蹬地，转腰抱肘，重心左移。略屈右腿，重心不可全部压至左腿。

重心

左腿蹬地转腰，重心右移。左拳击出，右拳回于腰间。略屈左腿，重心不可全部压至右腿。

沉 略弯

4. 反掌拧身头顶天

双臂内旋，重心后移，右足点地。

左腿三环发力，催动身体转腰坐胯，双臂外旋掤出。

5. 欲打扬炮抬头起

　　右腿蹬地转腰，左手回下颌处，右手下沉于胯部。左腿蹬地转腰，右手顺势挥斩，左手回腰间。

　　重心后移，右足横带，右掌回斩。左掌沿右臂急速穿出，右掌回捋至腰胯。

　　垫步前跨，右掌由腰胯部向斜上方击出，发力点在掌根。左掌回撤至肋侧。

坠肘

6. 退后一步是闭挡

双臂外旋，目视左臂方向。提右腿，呈独立状。震步，双臂回抱，左手上，右手下。目视右肩前方。

7. 转身推掌反背掌

左腿蹬地发力，转腰，推出左掌，右掌收回至胸腹前。左掌回拽，右臂顶肘。

右臂向前揎出，左臂紧随。右臂触腿后迅速弹起，与左臂相合。

8. 进步两仪立中堂

左腿三环发力，将身体催动而出。两足踩实，呈两仪桩姿态。

9. 霸王举鼎揣裆式

双臂外旋，向上方推出。

双臂内旋，向下落至腰胯部，然后向上与肩平，迅速握双拳，勒肘回至小腹。

合拢小臂，双拳上顶，同时提踵。双拳内旋，沿中线向下揣击，同时落踵，眼向右看。

10. 猛虎爬山足下忙

转身成虚步。左手向前探出，右拳隐于小腹处。左足发力，右足迈出。右手同时向前击出，左手回撤于小腹。左足迈出，同时击出左拳。

11. 插掌足蹬亮双翅

右掌前插，左掌回撤于右腋下，同时蹬右足。转腰坐胯，双掌平分，成马步，眼向右看。

相照

略弯

12. 一荡旋拧坠马桩

左足蹬地，双掌同时翻转，右掌向右推出。右掌上挑，重心后坐。

坠肘

右臂疾速屈肘，下坠身体，震步。向左转身成虚步。左掌前撑，右拳贴于右耳侧。

提

13. 进步急沉砸跪膝

进左步，下沉重心。右拳击出，左掌握拳，回防于头上方。

14. 回身拥肘手滚翻

接上式，转身，提右膝，双手回抱于小腹前。左足蹬地发力，右足借力向右迈出，左手推右手脉门，使右手旋转向前滚动送出。

15. 左右捋打顺手牵

左掌回斩，右掌紧随，与左掌相合。旋转小臂，手呈拿捋状，右足搓踢。

　　落右足，震步于左足旁。拧腰转胯，同时左足向后铲出。右足蹬地，拧腰转胯。右拳左掌同时击出。

寸发力成撑掌。换边重复所有动作，成撑掌。

16. 上步抹眉手担山

向前上步，成左虚步，同时左手穿出成钩。向左跨步。左勾手横移，同时推出右掌。眼向左看。

交错

17. 回拢转臂撩阴手

向右坐胯转体，成右虚步。左手上扬，右手下沉。右脚横跨。右掌撩出成钩，左手回按于左腹处。

裹身

坐胯

18. 推掌转腰足挂踏

　　左足蹬地，转腰，推出左掌，右掌回防于左肩处。右足后撤，转腰，左右手臂同时画圆，右足呈倒"7"形回踩。

19. 撩掌搓踢单仪顶

向前撩出右掌，同时右足搓踢。左掌回撤于右肩。后撤右腿右臂，左臂屈肘击出。

20. 收神敛气归中堂

并左步，左臂回撤至身侧，右掌立于左肩，眼向左看。向左转体，双臂交叉抱于胸前。双臂自然下落，向外掸出，合于头上方。双臂下落，合抱于小腹。

此小架左右式均应练习。

八极小架练习的三个阶段

学习八极拳是一个循序渐进的过程，需要我们逐渐领悟和掌握每一阶段的核心要义。习练八极小架，要经历三个阶段：蹲架子、盘架子、揉架子。这三个阶段各有侧重，相互衔接，共同构成了八极拳学习的完整路径。

第一阶段，蹲架子，一步一桩，定结构，强意识，熟动作。

第二阶段，盘架子，行云流水，控节奏，调呼吸，活身法。

第三阶段，揉架子，连绵不绝，势相连，意不断，力内含。

在学习的初级阶段，即蹲架子阶段，我们要打下坚实的基础。一步一桩，每一个动作都要严谨到位，注重姿势的正确性。这一阶段的主要任务是定结构，加深习练者对小架动作的理解，强化肌肉记忆。同时，我们还要加强意识的培养，将意念集中在身体的每一个部位，感受八极拳的韵味与内涵。在熟悉动作的过程中，我们可以通过不断练习，逐渐提高身体的协调性和稳定性。

随着基础动作的掌握，我们将进入第二阶段——盘架子。在这一阶段，我们要将八极拳的动作有机衔接，使动作连贯，如行云流水。我们需要逐渐学会控制动作的节奏，以自然流畅的节律来表达小架的韵味。同时，调整呼吸也是这一阶段的重要任务。我们要学会在动作转换的过程中调整呼吸，使呼吸与动作相协调，从而提高八极拳的修炼效果。此外，活身法也是盘架子阶段的关键，我们要在保持动作连贯的基础上，学会灵活运用身体的各个部位，将八极拳的力量发挥到极致。

在完成前两个阶段的学习后，我们将进入八极拳的第三阶段——揉架子。这一阶段要求我们在动作连贯的基础上，进一步追求连绵不绝、势相连、意不断的境界。我们要将八极拳的每一个动作都融入整体之中，形成完整的体系。同时，我们还需要注重内在力量的培养，将八极拳的力量蕴藏在动作之中，做到力内含而不露。在揉架子的过程中，我们可以通过不断体会和领悟，逐渐掌握八极拳的要领和精髓，将八极拳的魅力发挥到极致。

七、单摘套路单式练

在源远流长的中国传统武术体系中，八极拳作为一种集刚猛与巧妙于一体的拳术，历来备受武术爱好者的推崇。而在八极拳的众多进阶套路中，"单摘"无疑占据了举足轻重的地位。"单摘"是种古老的称谓，如今我们更习惯称之为"大架""单打"或"大八极"。它不仅是八极拳技艺的精髓，更是武术爱好者追求技艺精进的重要路径。

"单摘"这一名称，源自其独特的动作组成，即将一系列单独的、极具代表性的"大势"动作摘出来，加以组合，形成一套连贯的拳术套路。这些"大势"动作，每一个都凝聚了八极拳的精髓，它们或刚猛如雷霆，或流畅如流水，或迅猛如闪电，或沉稳如磐石。将这些动作有机组合，形成完整套路，既能够展示八极拳的丰富内涵，又便于武术爱好者记忆与练习。

然而，随着武术在现代社会的不断发展，人们对武术的追求也在悄然发生变化。除了追求技艺的精湛与实用外，人们越来越注重武术的观赏性和艺术性。因此，在原有的单摘套路的基础上，增加了一些表演性动作和过渡性动作，使得整个套路更加流畅、美观，更具观赏性。

这些新增的动作，无疑为习练者提供了广阔的创作空间。他们可以根据自己的理解和感悟，对这些动作进行个性化的改编和演绎，从而形成自己独特的武术风格。这种创造性的练习方式，不仅能够激发习练者的创造力和想象力，还能够深化他们对八极拳的理解和体悟。

然而，我们也应该明白，武术的核心在于实战应用，因此，在追求观赏性和艺术性的同时，我们不能忽视对实战技巧的学习和练习。在单摘套路中，那些经典的大招大势是我们必须反复练习、熟练掌握的。通过左右式的反复练习，我们可以更加深入地理解这些动作的原理和技巧，从而在实际应用中发挥出它们的最大威力。

综上所述，单摘作为八极拳进阶的套路，不仅具有极高的观赏性和艺术性，更蕴含着丰富的实战技巧和深厚的武术内涵。我们应该在追求观赏性和艺术性的同时，不忘初心，牢记武术的实战本质，通过反复练习和深入体悟，不断提升自己的武术水平。

1. 擢打顶肘左右翻

四六步起式。进步搓踢擢打，手足同出。

收足震步，手盘头。三环发力单仪顶。

2. 左右掼耳腰胯转

单仪顶起式。右足蹬，左足跃，左手劈捋。

跨步，右掼耳，左手回防头面部。左足蹬，腰拧转。左掼耳，右手回防头面部。

3. 翻身劈捋急栽锤

　　闭肘（又称"闭地肘"）起式，翻身跃步劈捋。

并步栽锤，左手回防头面部。

4. 垫步弹足跨步砸

并步栽锤起式。盖步弹踢，速收足。

缩身

左足蹬地，跨步砸拳。

5. 左右接拿平地掇

马步砸拳起式。右足向左横移，转腰坐胯。双手向左横向接拿，含斩截之意。

提右足，双手向右接拿。震右足，左足迅速铲出，双手向右下将带。

6. 提足转步攻防换

双推掌起式。左手回挂，抬左足，右手上扬。

落左足，旋身180°，右足盘起。

双足平分，震步，呈闭肘状。

7. 左右大缠身如箭

闭肘起式。左足蹬，右足跃，身体旋转180°。同时，左手劈拵，右手上扬；右臂屈肘下压，左手上扬。盘步，马步横打。

8. 退步穿袖解困境

撑掌起式。利用身体的旋转向后盘带撤步，双手旋拧交错。落步，撑掌发力。

交错

9. 拦腰坐步击中盘

撑掌起式。腰胯发力，右手右足同时向左横移。换步，左手左足同时向右横移发力。

10. 飞身起脚急崩弹

四六步起式。二起脚。落步崩拳。

缩身

以上各个单式，左右式均应练习。

八、对练与实战

对接与六肘头

纵观传统武术，虽然各门各派都保留了对练套路，但其本质已经从技击之法演变成供人观赏的表演之艺，这着实令人遗憾。

八极拳中也有这样的套路，创造这些套路是为了方便习练者记忆攻防技法，而不是为了表演。我们在练习对接或者六肘头之前，一定要先明白其中的道理。

民间流传着一个笑话，说一个习武之人和他人打架，输了后抱怨说，"他不按套路打呀"。由此可见，对练套路在实际应用中是不断变化的。所以，在训练时，一定要跳出套路化的思维，由慢至快，由定至动，由不变至变化，逐步模拟实际打斗时的状态，精熟技法，渐悟变化，只有这样才能领悟对练的真正含义。

那么，我们还需要成套地练习对练套路吗？如果你是为了表演，就需要；若不是，则不需要。八极拳中的对接，其实就是单摘的单式练习，对练双方模拟攻防练习。在"单摘套路单式练"一节，我们已经讲解了详细动作，这里就不再赘述了。至于如何对练，我们将用八极拳中一套短小精悍的攻防套路——六肘头加以诠释，对接也是同理。

六肘头为六种基本肘法中的第一种，是近距离的技击技术，要实现近距离攻击，就必须经过由远、中至近的过程。这个过程是复杂多变的，充满了不确定性，时机、距离、反应、速度、技术、心智都会对其产生影响。这种影响会直接作用于结果。我们无法用语言去精准地描述每一个变化所产生的结果，这是一种感觉。我们只能用有形的练习去体会那无形的感觉，借假以修真。

现在，让我们开始六肘头借假修真的训练吧。

1. 六肘头第一段

○ 套路动作

两人对峙，双手齐胸，置于中线。两人均左手、左脚前置。

甲方（右）进左步，左手冲拳，攻击乙方（左）头面部。乙方屈臂回旋，将来拳裹带至自己头面部右侧。

抱

甲方继续进左步，冲右拳，攻击乙方头面部。乙方自右将甲方右拳回挂于自己头部左侧，似抱头状。

甲方继续进左步，冲左拳，攻击乙方胸腹部。乙方下拨其手臂，提肘尖，呈环绕状。

○ 变化解析

从表面上看，甲方连续进前步，以左、右、左直拳的顺序向乙方攻击，乙方则用左手以抱、挂、缠等手法进行连续防守；甲方练习了三进步直拳的连续进攻，乙方练习了抱、挂、缠的防守。但是，实际上没那么简单。

假设乙方第一次以抱的手法防守时，利用三环发力催动身体前冲并顺势横肘，那么这将是一次完美的连防带打的操作。

抱

顶

甲方利用右手直拳向乙方攻击时，乙方利用左手回挂，同时下潜身体，利用三环发力催动身体前冲。此时，乙方就获得了一次抱头顶肘的机会。

当甲方第三拳袭来的时候，乙方依然利用三环发力催动身体前冲，同时缠肘下劈甲方面门。在改变甲方来拳线路且甲方未及抽身之际，乙方迎面击出的一肘威慑力该有多么巨大。

缠

肘击

肘击

2. 六肘头第二段

○ 套路动作

讲解完六肘头第一段暗藏的玄机，我们继续回到套路的练习中。

甲方打出的第三拳被乙方的缠肘改变线路后，甲方顺势屈肘，利用三环发力的方式催动身体前冲，以横肘向乙方撞击；乙方则后撤左步闪身，以右手格挡。

顶

甲方顺势横砸乙方面门，乙方则以接拿之手法格挡。

甲方抽手跨步，以右手掼拳（横向击打，类似于摆拳）继续攻击乙方头面部；乙方则滚臂抱头化解。

甲方顺势以左抄拳（由下向上击打，类似于上勾拳）攻击乙方肋部，乙方转身以下挂肘防守。甲方撤步，呈闭肘状，结束进攻。

抄

挂

闭肘

◯ 变化解析

在六肘头第二段，依然是甲方连续攻击，乙方连续防守。甲方练习了顺步横砸、掼拳、抄拳，乙方练习了接拿、滚臂抱头、挂肘等防守动作。与六肘头第一段一样，在乙方的防守动作之中，依然贯穿着八极拳"防即打，打即防"攻防一体的技击理念。接下来，我们解析六肘头第二段的隐藏动作。

乙方在以接拿手法防守甲方的横砸攻击时，可顺势用缠肘之法攻击甲方，或跨步埋根令甲方跌仆。

接拿

埋根

　　乙方在以滚臂抱头防守甲方的掼拳攻击时，可顺势下沉身体，以塌顶沉肘的方式攻击甲方面部。

滚动

　　乙方在以下挂肘防守甲方的抄拳攻击时，可顺势蹬地转身，以下劈肘攻击甲方。

　　六肘头是一个短小、精悍的对练套路，每一个动作都可以拿出来反复练习，或者以组合方式练习。笔者并不建议成套练习，成套练习会使习练者不自觉地进入套路对招的模式。习练者应由慢至快、由不变到变化加以练习，直至能自然而精熟地运用这些动作，这样在实际应用中才能自然地加以应用。

游走性技术

　　八极拳的游走性技术是建立在多变的身形与灵活的步法之上的一种技击技术。它多以环绕步、侧闪步、后撤步以及身形的俯仰开合闪避对手的进攻，改变对手的进攻方向，破坏对手的进攻距离，以起到防守的作用。习练者还可以在步法的移动中寻找攻击对手的机会。

○ 环绕步劈打示例

甲方（左）以左手向乙方（右）攻击，乙方施以环绕步向甲方外侧进行闪躲，并顺势以劈抱或者肘击击打甲方。

○ 侧闪步躲闪示例

甲方（左）以直拳向乙方（右）攻击，乙方辅以身形移动前脚或后脚向一侧闪避。

下潜

○ 后撤步闪避示例

甲方（左）以拳或腿向乙方（右）攻击，乙方后撤滑步闪避。

防守反击技术

防守反击技术是当一方发动进攻时，另一方能迅速做出相应的防守行动，并在此基础上进行反击，达到后发制人和变被动为主动的目的，这是攻防转换的核心技术之一。反击技术不是一项独立的技术，需要和防守技术紧密配合使用。有效反击的基础是具有良好的防守技术，防守技术是反击技术的前提，良好的防守技术是有效反击的保证。我们前面讲过六肘头的技术，其中就包含了防守反击的技术。当然，在八极拳的运动体系之中，还有很多类似的技术。八极拳内容之丰富，真是不可胜言。只有不断地练习和揣摩本书中所讲解的技术，才能最终领悟八极拳的奥秘。

以下为防守反击抱斩动作示例。

甲方（左）出直拳攻击乙方（右）面部，乙方以左手回抱、反斩。回抱类似猫洗脸。

回抱

反斩

迎击技术

　　迎击，是传统武术中的一个高阶技巧。各个门派口口相传的"不招不架，就是一下""你打我也打""打一不打二"等，说的就是这种迎击技术。顾名思义，迎击就是迎着对手的进攻来反制对手，但这种技术的使用难度非常大，对使用者的胆气、技术水平、反应速度、预判能力、启动速度都有很高的要求。传统武术人口中的"一击必杀"，形容的正是这种技术的威力。在八极拳中，这种技术有很多。下面我们就来讲解几个典型的迎击技术。

○ 悟空问路

　　无论甲方（右）以何种拳式对乙方（左）头面部进行攻击，乙方均下沉重心，双手上举进行擢打，同时起腿攻其小腿、裆部、小腹等，攻击部位视情形而定。

〇 左右栽锤

甲方（右）以左前拳向乙方（左）头面部进行攻击，乙方则右跨步，栽左拳迎击。

甲方以右后拳向乙方头面部进行攻击，乙方则左跨步，栽右拳迎击。

○ 抱头顶肘

无论甲方（右）用何等拳式对乙方（左）头面部进行攻击，乙方均下沉重心，以手抱头，肘尖前指，以三环发力的方式催动身体撞向甲方，要有疯牛惊象之气势。

○ 左右拦腰

甲方（右）以直拳或摆拳对乙方（左）头面部进行攻击，乙方下潜重心躲避来拳，同时三环发力催动身体钻入甲方空当，以左右拦腰之式攻其中盘。

○ 侧身撑锤与俯身撑锤

甲方（右）以前直拳向乙方（左）头面部进行攻击，乙方则向左侧身，后足蹬地，三环发力推动身体以撑拳回击甲方面部。

乙方以后直拳向甲方头面部进行攻击，甲方则俯身，后足蹬地三环发力，推动身体以撑拳回击乙方心窝。

以上拳式只是示例。八极拳练习的并不是在某种规则下使用的拳法，其中很多招式和技法都可以用于迎击，这里就不一一列举了。迎击最关键的是对时机的把握，这与技法并无多大关系，但对习练者自身的能力、素质有着很高的要求。

迎击练习中容易出现的问题如下。

- 迎击时身体向后仰。这属于胆气不足、信心不足，是很多新手容易出现的问题。
- 迎击时闭眼。这属于基本功训练不足。习练者应加强脱敏训练，必须克服打拳闭眼、看见来拳时闭眼的心理障碍。

八极拳的组合技

如果说"不招不架，就是一下"讲的是一击必杀的迎击技术，那么，"犯了招架，便有十下"讲的就是传统武术中的组合技能了。

"犯了招架，便有十下"，意思是说，对手一旦招架，我便可使出一套组合技，利用各种手法、步法、身法，一式三招，三招九变，环环相扣，虚实并用，使动作"翻生不息，招招相连"。若一击不中，就随机随势而变，让对手措手不及，应接不暇。这种组合技法与现代搏击的组合技法有着很大的区别。在古代，传统武术攻击对手时，对身体部位并无限制，肩、肘、手、头、胯、膝、足尽可应用；对所打击的人体目标也毫无限制，当打则打，毫无顾忌。传统武术的争斗场景是生死搏杀，在这种理念的驱使下，它的组合技法呈现出疯牛惊象、如熊闯林的态势。

所以，拳谚"头要撞人，手要打人，身要催人，步要过人，足要踏人，神要逼人，气要袭人"说的是得机发力，手脚相连。"拳自身发，挨着何处何处击"，展现的是纵横自在，有感皆应。传统武术不像现代搏击，可以将技法按1、3、2的顺序组合，也可以按2、3、1的顺序组合，它是连续的、滚动的、没有节点的、连珠式的进攻方式。笔者只能试着用一些拳式加以讲解，以期能表其理、达其意。

1. 劈砸挤靠肘膝连，抓将叼拿存意间

不论甲方（右）出不出手，乙方（左）均以前手圈带，含劈砸抓将之意。若甲方应，乙方则顺带甲方手臂，顺势上后步挤靠，后手劈肘，攻其头面部，同时提膝击之。

缠

肘击

盘

若甲方不应，见势后撤，乙方则顺势上后步，后手展臂劈砸。若甲方闪过，乙方则顺势起腿，攻击甲方上盘、中盘或下盘。若甲方应，乙方则如前式，可顺手叼拿捋带，同时提膝击之。

2. 连削带打贴身靠，吃根埋根敌难逃

甲方（右）出前拳攻击乙方（左）头面部，乙方后手斩截，前手回抱蓄势削打，后手再次斩截，亦可削打将带，同时进后步埋根，以挎法摔之。

3. 提撩劈砸疾如风，脚闯中门腿亦攻

甲方（左）进步提撩攻乙方（右）下颌，小臂一旋奔其头面。乙方若出手，甲方则为斩截；乙方若不应，甲方则为佯攻。甲方顺势脚闯直踏中门，后手劈砸疾如恶风；乙方若招架，甲方则猛提膝攻；乙方若后撤，甲方则抬腿便蹬。

从以上三组示例中可以看出，八极拳的组合攻击形式并不是简单的点与点的组合，而是利用手法、步法、身法把点与点连成一线，这些连成线的点之中又蕴含着无限的变化，这些变化进而形成一个面，所以八极拳的组合技法呈现出点、线、面结合的立体攻击形式。习练者需要对八极拳有深入的了解并刻苦钻研，才能逐渐领悟其中精髓。

八极拳的打靶训练

靶，是指射箭或者飞镖等暗器练习中用于瞄准的目标。古人练习拳脚功夫时，也有打靶这样的训练，只是那时候人们以人为靶，例如我们前面讲到的六肘头对练。另外，还有以树、桩为靶的训练，如八极拳中的搂桩、打桩、靠桩等练习方式。随着时代的发展，训练器械不再那么匮乏。现代搏击中所使用的各种拳靶，练习传统武术的人也可以使用。虽然不能依托打靶完成所有武术动作的训练，但打靶训练对掌握基本武术技术还是非常有益的。

- 选择适当的击打靶。一般来说，击打靶需要具备一定的弹性和抗冲击的能力，以确保动作流畅和习练者的人身安全。常见的击打靶有沙袋、手靶、脚靶、盾靶，以及一些异型靶。我们可以根据自己练习的拳式选择适合自己的击打靶。

- 正确击打。在这里，我们所说的正确击打是指摆脱练习单式或者套路时固定姿势的禁锢。传统武术的应用方式并不那么直接，它是隐藏的、含蓄的，并不是怎么练就怎么用。

- 注重基本技法的训练。对于穿、掼、抄、劈、抱、提撩、斩、戳，以及肘、膝、腿法等基本动作，注意出击时动作的准确性和力度控制。

- 打靶训练需要循序渐进地进行，不能急于求成。在训练过程中逐渐增加难度和强度，然后把前文所提到的单一技术加以组合进行练习。

- 体会正确的、流畅的击打节奏。传统武术中的组合动作，多以步法、身法、手法多方位的攻防模式进行。所以，在练习中，要多体会动作的流畅性，多练习身法、步法和拳脚的协调配合。可以在教练的指导下和搭档进行击打对练训练，以便在实战中自如应用。

○ 穿：以直线击打的动作

○ 掼：从两侧击打的动作

○ 劈：由上向下击打的动作

○ 抱：由外向内抽击的动作

○ 提撩：由下向上抽击或撩打的动作

○ 肘：以肘法攻击的动作

顶肘（1）

顶肘（2）

抱肘（1）

抱肘（2）

挑肘（1）

挑肘（2）

劈肘（1）

劈肘（2）

○ 膝：以膝法攻击的动作

顶膝（1）

顶膝（2）

顶膝（3）

提膝（1）

提膝（2）

○ 腿：以腿法攻击的动作

里合腿

外摆腿

弹踢腿

穿心腿

侧踹腿

搓踢

二起腿

截腿

撩腿

八极拳的警戒姿势

很多人问，八极拳在与敌对峙时应该用什么样的警戒姿势？其实这个问题反映出提问者对八极拳的理解还不是那么透彻。八极拳练习的并不是在某种特定规则下使用的技术，它适用于各种实战场景和突发状况。所以，它不像现代搏击那样，需要根据所应用的技术特征采取相应的警戒姿势。八极拳的警戒姿势并不固定，它更注重培养习练者的警戒之心和防范意识。在与不同的对手对峙时，所采取的警戒姿势可以有相应的变化。当然，你也可以用自己最熟练、最喜欢、最擅长的警戒姿势对敌。

八极拳格斗距离的分类

八极拳是一种近身短打的拳种，多以肘、膝为武器，需要贴近对手才能施展所学。然而，贴近对手并不是一件简单的事情。在习练八极拳的人之中流传着"八极掺劈挂，神鬼都不怕"的拳谚。劈挂拳擅长中、远距离克敌制胜，讲究放长击远，远则长击，近则抽打，可放可收，可长可短。八极拳将贴身近打（挨、傍、挤、靠）的技术风格研究得十分透彻。八极拳的格斗距离可分为远距离、中距离、近距离，每种距离都有相应的技术手段。在远距离、中距离、近距离之外，还有一种更近的距离，即贴身的距离，我们将它一并归为近距离。

远距离，是指双方之间的距离在一臂以上，多在一米以上。这时，任何一方无论采用什么拳法，都无法击中对方。因此，它是无效距离，或称为准备距离。此时，你必须上步才能击中对手。反之，这也是摆脱对手进攻时退步所应达到的距离。

中距离，是指不用上步，直接出拳或出脚就能击中对手的距离。处于这种距离时，拳和脚是有效的击打手段。

突破中距离而靠近对方，则形成近距离。八极拳多用肩、肘、膝、头等部位以挤、靠、撞等技术进行攻击，近距离时攻击效果更好。

这也是八极拳开门广纳、博采众长思想的体现。我们不能局限于八极拳自身的技术特点而在技击与格斗时一味追求近距离的贴身短打。如果没有中、远距离的周旋与寻找机会，硬冲硬进将是非常危险的事情。

八极拳对战距离的破坏与建立

对战距离是指在进攻或防守中双方之间的空间距离。在实战中，对战距离会直接影响进攻与防守的效果，是不可忽视的技术要素。要想击中对方，距离一定要掌握好。

要掌握好距离，我们就要对自己有一个充分的认识，对自己的身高、臂展、腿长、移动速度、技术特点等有正确的认知。在格斗时，要有快速洞察对手攻击距离的能力，也就是我们所说的"知己知彼，百战不殆"。

对战距离分为两种——有效距离和无效距离。有效距离就是在进攻时，你出一拳或踢一脚即可有效击中对方的距离。反之，则称为无效距离。

距离要靠步法的移动或身体的前后摆动进行调整。你进步，对方退步，两人间的距离没有发生改变，这种距离调整就是一种无效的距离调整。如果你想接近对方，你前进的速度就要比对方后退的速度快，或者你可以在对方后退时突然前进，这样两人间的无效距离就会被破坏，从而建立起有利于你的有效攻击距离。

双方在不停地移动，双方之间的距离也在不断地改变。在你察觉到对方对你构成威胁而又未进入你的攻击范围内时，你可以佯装出拳或快速改变方位，促使对方重新调整进攻距离，这是对对方攻击距离的一种破坏。格斗就是在这种距离的破坏与被破坏、建立与被建立的不断循环中寻找时机。在格斗中，距离感的建立是对有效距离和无效距离的判断，无须进攻或防守。

在实际的格斗之中，远、中、近三种距离经常无规律地反复出现，可以说是变化无常。因此，要想准确无误地判断距离，以便及时地采取相应的进攻和防守策略，就必须重视距离感的培养，经常进行条件实践和自由实践的练习。要在大脑里形成明确清晰的距离的概念，建立起条件反射，形成动力定型，这是一项相当艰难但必须具备的技能。

八极拳对现代搏击规则的适应

随着时代的发展，搏击爱好者日益增多，传统武术人与搏击爱好者的切磋交流成为广大拳友喜闻乐见的事。虽然八极拳的技术体系与现代搏击有着很大的区别，但是二者之间并不是不能切磋交流。八极拳习练者应本着互相学习、共同进步的态度充分了解现代搏击的规则，不要以"武术是杀人技"为借口逃避实战交流。面对拳击爱好者时，我们要遵从拳击规则；面对自由搏击爱好者时，我们要遵从自由搏击规则。这种交流会大大提高我们的实战能力。

明代著名将领戚继光在《纪效新书·拳经捷要篇》中明确指出，"既得艺，必试敌，切不可以胜负为愧为奇。当思何以胜之，何以败之，勉而久试。怯敌还是艺浅，善战必定艺精。古云'艺高人胆大'，信不诬矣。"

这段话的大致意思是：一旦你掌握了某种技艺（这里主要指武艺等），就必须与敌人对抗来检验这种技艺的效用。切不可以因为胜负而感到羞愧或者觉得奇怪。应当思考为什么能取胜，为什么会失败，并勉励自己不断尝试和实践。如果害怕与敌人交战，那说明你的技艺还不够精深；善于战斗的人，他们的技艺必定精湛。

此外，"勉而久试"强调了持续努力和长久实践的重要性。只有不断地实战和时常反思，才能不断提高自己的技艺水平。同时，这句话也展现了戚继光在武术和兵法方面所秉持的实用主义态度，即强调实际应用和经验积累的重要性。

传统武术人应该解放思想，与时俱进，与现代搏击爱好者多交流。既要传承传统武术中不适用于擂台搏击规则的技术，也应不断适应现代搏击规则，以便与搏击爱好者相互切磋，共同进步。

脱敏训练，克服恐惧

脱敏，在医学上是指让病人少量多次地接触某些引起机体过敏反应的变应原，久而久之，机体对这种变应原会逐渐产生某种抵抗力。

在实际格斗中，我们最大的敌人就是恐惧。这种恐惧感是与生俱来的，是机体自我保护的一种本能反应，是每一个新手都要面对的。它的"临床表现"就是，看到来拳时会闭眼。我们要克服的就是因恐惧而下意识地眨眼或闭眼。你可以让搭档戴上拳套在你眼前不停地出拳，或者轻轻击打你的额头，而你要强迫自己不去眨眼。

与此同时，你可以不断地进行心理建设，告诉自己这并不可怕。这在传统武术中称为意念，意念其实就是心理活动。恐惧也是心理活动的一种，是生物体对潜在威胁的自然防御机制。我们要通过外界的不断刺激和内在的意识引导来帮助我们克服这种自然反应。

在经过以上训练后，我们可以选择与自己水平相当的搭档进行力度小、速度慢的实战训练。注意，搭档的选择非常重要，他必须和你一样拥有一颗平常心。你们应该以训练为目的，而不是争强好胜。

随着实践的增多，再面对来拳时，你的身体会下意识地做出自然的、正确的反应，这种下意识的反应就是传统武术中所说的"拳无拳，意无意，无意之中是真意""有形有意全是假，拳至无心始见奇"。

1. 上臂、前胸、后背抗击打训练

抗击打训练也是一种脱敏训练，不仅能有效提高习练者对疼痛的耐受力，也可以提高肌肉的抗击打能力，传统武术中称之为排打训练。可以借助八极拳中的三靠臂、前靠、后靠、踢桩、打桩等功法进行练习。

〇 三靠臂

双方以马步姿势相对而立，依图中所示交替磕击小臂。也可单独进行打桩练习。

○ 前靠

　　双方以撑锤姿势相对而立，依图中所示，同时上后步，互相撞击前胸肋部。也可单独进行靠桩练习。

〇 后靠

双方以撑锤姿势相对而立，依图中所示，同时上后步，互相撞击侧后背部。也可单独进行靠桩练习。

2. 大腿内外侧抗击打训练

3. 腰腹部抗击打训练

中国传统武术中常讲"一胆二力三功夫",这个"胆"既包括先天之胆气,也包括经过后天脱敏训练而产生的胆气,即"艺高人胆大,胆大艺更高"。

一到实战,学以致用

众多传统武术习练者长期以来都有一个共同的困惑——尽管投入了大量的时间和精力进行拳术训练,实战能力却似乎没有得到显著提升,发出"一到实战,为何总是无法发挥所学?"这样的疑问。笔者仅将个人经验和见解整理成文字,与各位共享。

其实,你师承的门派、练习的拳法,并不是决定你实战能力高低的根本因素。真正起决定性作用的,是你的训练方法。笔者观察到,许多传统武术习练者在训练方式上存在误区,这导致他们走上了一条充满曲折、远离目标的道路。更有甚者,在未涉足拳术之前尚能一展身手,经过系统训练,反而在实战中变得束手束脚。

在武术圈有一句玩笑话:"他不按套路打呀。"虽是戏言,却道出了现实情况。传统武术训练的误区确实存在且不容忽视。将套路训练奉为圭臬,过度追求表演效果,刻意模仿发力形式,招式、招法刻板化,对练内容机械化,以及忽视实战训练,这些都是我们需要警惕的。此外,过分夸大内劲、内养的作用,将排打、操手视为搏击利器,同样是误区所在。这些错误的认知,主要源于我们对拳术理解的偏差,即忘记了武术本是一种综合性的搏击技术。

与人对抗时,提升自身的综合能力至关重要。如何提升这些能力,更是我们需要深入探讨的。心理素质、身体素质和技术素质的训练,无疑是提升实战水平的核心。传统武术习练者应当从自己所练的拳种中提炼出相应的训练内容,持续不断地进行强化练习。

心理素质可通过设想敌手、模拟攻防、实战对抗等方式进行提升,但这也与个人的性格特质息息相关。身体素质的提升则依赖于各种徒手或器械训练,如抖大杆、抻筋踢腿、站桩、跑步、跳绳等,可根据自身需求选择合适的方式进行强化。技术素质涵盖的内容十分丰富，如各门各派的发力技巧、手法变化、脚步移动、招法运用，以及时机与距离的把控等，都属于技术素质的范畴，可根据自身情况在这些方面进行有针对性的训练。

要想提升实战能力，必须针对以上内容进行专门的练习。传统武术的训练内容丰富多样，对想要提高实战水平的习练者来说，明确自己的目标，并据此制订科学合理的训练方案至关重要。迷信盲从是行不通的。我们必须以科学的态度研究并应用前人留下的宝贵经验，这才是传统武术训练的正确之道。通过这样的方式，我们可以更好地吸收武术的精髓，提升自己的技击水平，从而迈向更高的境界。

两种状态：疯狗与蛟龙

在武术界，有一句口耳相传的拳谚："不若蛟龙，便似疯狗。"这句话深刻地揭示了武术搏杀中的两种状态，比许多长篇大论的武术理论更实际、更实用（当然，这并不意味着那些武术理论没有技术内容做支撑）。

要在搏击时获胜，除了技术，还有至关重要的一点，就是武术中常说的"心意"，简单来说，就是心态和意识的调控。这种调控能促进人体肾上腺素的分泌，使人呼吸、心跳加快，血液流动加速，瞳孔放大，从而为身体活动提供更多能量。在搏杀中，心意是取胜的关键。心意为主，气为辅助。力量是先锋，技巧是手段。八极拳中所说的"疯牛惊象，如熊闯林"的状态，不仅能震慑对手，还能增强自身的勇气。对缺乏实战经验的人来说，这种状态是极其可怕而有效的。但这样的状态难以把控，可能会使自己心智混乱，最终导致两败俱伤。因此，恰当地控制和运用心意是非常重要的。

还有一种状态是"形若蛟龙"，这是大多数武者所追求的，即神态自若、收放自如、缓急相应、把握时机而出击。但这种状态需要多种因素的支持，包括成熟的心智、熟练的技术和丰富的经验，这需要长时间的训练和积累。如果我们暂时还达不到这种状态，那么在遇到突发状况时，迅速将自己变成"疯狗"也许是一种保全自己的方法。

街头防卫须谨慎

街头防卫，一直以来都是一个很有热度的话题。在公共场合遇到危险时，是否应该采取防卫措施以及如何正确防卫，成为我们必须面对的问题。街头防卫并非简单地挥拳相向，而是需要我们谨慎对待、理智处理。

首先，我们需要明确一点，街头防卫并不意味着可以随意伤害他人。在大多数情况下，防卫行为应该在必要且合理的情况下进行。如果面对的是轻微的挑衅或冲突，我们应该首选和平解决的方式，比如沟通、报警等。只有在面临巨大的威胁或危险时，才需要采取必要的防卫措施。

其次，街头防卫要求我们在保持冷静的同时，迅速判断形势并做出正确的反应。在危急时刻，保持冷静至关重要。我们需要迅速分析现场环境，判断威胁的来源和性质，然后决定采取何种防卫措施。在这个过程中，我们应该充分利用周围的资源，比如寻找称手的武器、可以躲避的地方，以及呼叫救援等。

再次，街头防卫还要求我们掌握一定的防身技巧。这些技巧包括但不限于：如何使用身体姿势来减少受伤的可能性、如何有效地抵抗攻击、如何利用周围物品进行自卫等。当然，这些技巧需要经过专业的训练和实践才能熟练掌握。我们应该选择正规的防身课程，在专业人士的指导下进行学习。

然而，值得注意的是，街头防卫并不能化解所有危机。在某些情况下，即使我们采取了正确的防卫措施，也可能无法完全避免伤害的发生。因此，我们应该尽可能避免将自己置于危险的环境中。在出行时，应该选择安全的路线和时间，尽量避免在夜间或在偏僻的地段行走。此外，我们还可以采取一些预防措施，比如携带防身工具、穿着醒目的衣物等。

最后，我们需要认识到街头防卫的复杂性。在现实生活中，情况瞬息万变，我们很难预料到所有的可能性和结果。

在面对危险时，我们应该保持冷静、理智判断，并采取适当的防卫措施。通过学习和实践提高自己的防身技能，尽可能避免将自己置于危险之中，并尊重法律和道德规范。

八极拳，不仅仅是一种止暴防侵技能，更是一种哲学、一种修行。它教会我们如何掌控自己的力量、如何在需要时运用，同时也教会我们如何控制自己、如何在激烈的对抗中保持冷静和理智。

在武术中，烈度与尺度的掌握至关重要。这需要我们具备高度的自我控制能力并对对手情况做出准确判断。一个优秀的武术人，不仅要有出众的技巧，更要有强大的内心、清晰的头脑和坚定的意志。在街头防卫中，他能够准确地判断何时、何地需要出手，以何种方式、何种力度出手，以达到最佳的防卫效果。

因此，我们应该以武术为媒介，不断提升自己的综合素养，学习如何控制自己的情绪和行为，如何在激烈的环境中保持冷静和理智。只有这样，我们才能真正地掌握武术的精髓，并将其运用到生活中，使自己成为一个更加强大的人。

少儿习武之我见

1. 习武年龄

在儿子六岁的时候，笔者开设了一间武术工作室。从那时起，笔者的儿子开始学习武术。每当邻里亲朋聚首，总会有人好奇地询问："你有如此得天独厚的资源，为何不在孩子三四岁时就开始教他？"武术是一项专业性很强的运动，孩子只有在具备了一定的理解能力之后才能开始学习，这样，武术才能更好地发挥它的价值。

家长们普遍认为，所有技能的习得都应遵循"早起的鸟儿有虫吃"的逻辑，在他们看来，武术训练当然也是越早开始越好。然而，这恰恰是对武术的误解。武术，作为中华民族的文化瑰宝，不仅仅是拳脚的较量，更是心智、意志与哲学的完美融合。习练者不仅要具备强健的体魄，还必须拥有敏锐的观察力、卓越的思考力以及良好的理解能力，这样才能领悟武术的精髓，以及它独有的魅力与价值。

在孩子三至六岁这一关键成长阶段，可以让孩子做一些感觉统合训练，为孩子以后学习武术打下良好的基础。感觉统合训练，即感统训练，旨在通过一系列精心设计的活动，提升孩子对视觉、听觉、触觉等多种感觉信息的接收、处理与协调能力。这一阶段的孩子正处于神经系统快速发育的黄金时期，对他们进行适度的感统训练，不仅能够促进他们的身体发育，更能培养他们的专注力、平衡感和空间感知能力，为日后的武术学习奠定坚实的基础。

若家长有足够的时间与精力，这些感统训练完全可以在温馨的家庭环境中进行。通过亲子互动的方式，让孩子在游戏中学习，在学习中成长，既能增进亲子关系，又能激发孩子对运动的兴趣。当然，对忙碌的家长而言，选择一家专业的感统训练机构则是明智之举。

对武术这一专业性极强的运动而言，过早学习并非明智之举。在孩子具备一定理解能力与感统基础之后，再引导他们踏入武术的殿堂，方能让他们真正领略到武术的魅力所在，实现身心的全面发展。

2. 选择

○ "课前准备" 的重要性

在孩子踏上武术学习之旅前，家长应该对孩子的习武道路进行精心规划。这一规划不仅关乎孩子的身体健康与体能锻炼，更关乎孩子的心灵成长与武术文化的传承。因此，家长的"课前准备"工作尤为重要。

○ 知识储备的必要性

在决定让孩子学习武术之前，家长要先构建对武术的基本认知框架。武术，作为中华民族的文化瑰宝，其内涵博大精深，既包含了强身健体的实用技能，又蕴含了修身养性的哲学思想。家长应通过书籍、网络、专家讲座等多种渠道，深入了解武术的历史渊源、流派分类、技法特色及其在现代社会中的价值与意义。家长若具备了这样的知识储备，将为孩子的习武之路奠定坚实的基础，也便于家长在孩子遇到困惑时给予恰当的引导和支持。

○ 明确目标，有的放矢

在决定让孩子学习武术前，家长应持有清晰而明确的目标。这一目标的确立，不仅关乎孩子习武的兴趣与动力，更决定了孩子未来在武术道路上的发展方向。现今，中国武术大致可分为竞技武术与传统武术两大类别。前者强调竞技性，追求成绩与荣誉，具有高度的观赏性和表演性；而后者则更注重身心的修炼与技击能力的培养，轻表演而重实战，具有深厚的文化底蕴与哲学内涵。家长应根据孩子的兴趣、体质、性格及对孩子未来的规划，谨慎选择适合孩子的学习方向，避免盲目跟风。

传统武术的核心价值在于修心强身。修心，即通过武术练习来磨炼意志、陶冶情操、培养坚韧不拔的精神品质；强身，则是指通过拳脚棍棒的训练，达到增强体质、提高防侵自卫能力的目的。这种内外兼修的训练方式，不仅有助于孩子身体的健康成长，而且能在潜移默化中塑造孩子积极向上的人生观与价值观。例如，"以柔克刚""四两拨千斤"的理念就蕴含着深刻的哲理与智慧，能够引导孩子在复杂多变的环境中实现自我身心平衡，获得内在和谐。

竞技武术，以其高度的竞技性和观赏性吸引了无数人的目光。在赛场上，运动员们以精湛的技艺、矫健的身姿赢得了观众的阵阵喝彩。然而，这背后所付出的汗水与努力是常人难以想象的。家长应引导孩子树立正确的胜负观与荣誉观，明白比赛结果并非唯一重要的，更重要的是参与过程、成长经历以及从中获得的宝贵经验。

总而言之，在孩子学习武术之前，家长的认真准备与深入思考至关重要：通过对武术的深入了解与细致分析，帮助孩子确立明确的学习目标；通过选择适合的学习方向与方法，引导孩子走上一条既符合自身特点又充满挑战与机遇的武术之路。在这个过程中，孩子不仅能够收获强健的体魄与精湛的技艺，更能在武术的熏陶下成长为具有高尚品德与坚韧意志的新时代青少年。

3. 坚持

○ 贵有恒，何惧风雨兼程

古语云："贵有恒，何必三更眠五更起；最无益，只怕一日曝十日寒。"这句话深刻揭示了持之以恒对成就一番事业的重要性，而将其映射到孩子的武术学习上，我们不难发现，家长的坚持与鼓励正是孩子持续进步、不断超越自我的不竭动力。

○ 武术学习：一场持久的修行

武术，作为一门集健身、防身、修心于一体的传统技艺，其学习之路绝非坦途。它要求习练者日复一日、年复一年地挥汗如雨，不断挑战自我极限。对孩子而言，这份坚持尤为不易。孩子天性活泼好动，注意力易分散，面对枯燥乏味的基本功训练，很容易产生厌倦情绪。因此，家长的陪伴与鼓励尤为重要。

○ 家长的坚持：孩子成长的坚实后盾

在孩子学习武术的道路上，家长的坚持往往能转化为孩子前进的动力。这种坚持体现在对孩子学习计划的严格执行上，也体现在孩子出现情绪波动时对孩子的耐心疏导上。当孩子因疲惫或挫折想要放弃时，家长的坚持和积极态度就像一盏明灯，照亮孩子前行的道路。

○ 鼓励的力量：激发潜能的钥匙

家长的鼓励就像温暖的阳光，能够融化孩子心中的冰雪，激发他们的潜能。在孩子取得进步时，家长及时给予肯定和表扬，能够增强他们的自信心和成就感；在孩子遇到困难时，一句鼓励的话语、一个温暖的拥抱，都能成为他们重新站起来的动力源泉。鼓励，能够让孩子感受到被理解和支持，从而更加勇敢地面对挑战。

○ 细节决定成败：注重过程，关注成长

在孩子学习武术的过程中，家长还应注重细节，关注孩子的成长过程。这包括关注孩子的身体状况，确保他们在身体健康的情况下进行训练；关注孩子的心理状态，及时发现并解决他们的困惑和烦恼；关注孩子的学习进度，根据孩子的实际情况调整学习计划。通过对这些细节的关注，家长可以更加全面地了解孩子的学习状态，为他们提供更加精准的支持和帮助。

据笔者长期观察，那些在家长持续鼓励和陪伴下坚持训练的孩子，其技艺提升的速度明显快于缺乏家长支持的孩子。同时，这些孩子在面对挫折时能够表现出更强的韧性和自我修复能力。家长在孩子习武过程中的坚持与鼓励发挥着重要作用。

总之，"贵有恒"不仅是对孩子学习武术的期许，更是对家长陪伴与鼓励的吁求。如果你想让孩子学好武术这项技能，就必须做好准备工作，从而避免无谓的付出。

九、铁砂掌与排打

在网络上，"铁砂掌"这个话题一直有不少人关注。随着快手、抖音等新媒体平台的普及，各路铁砂掌习练者各显神通、尽显绝技，拍砖、碎石、用手指戳破玻璃瓶等类似视频充斥短视频平台，很是博人眼球。在这些习练者之中，只有少部分人有十年纯功，经过苦练得此技艺。绝大部分视频表演都属于江湖腥活儿，需要一定的功夫，但更多的是技巧。

江湖腥活儿咱们暂且不提，在这里笔者仅凭自身习武经历，浅谈一下对铁砂掌的认识。先说一下传统武术习练者为什么要练习铁砂掌。这要从人体骨骼结构说起。人的手部由指骨、掌骨等组成，结构比较复杂，受到冲击后容易发生损伤。与头骨等骨骼相比，手骨很脆弱，当赤手空拳击打人体坚硬的部位时，指骨、掌骨很容易发生损伤，甚至骨折。

在现代搏击比赛中，参赛拳手必须充分裹缠护手绷带，根据不同的比赛规则佩戴相应的拳击手套。这样做可以减轻对运动员的物理伤害，保护运动员。裸拳比赛则不同。裸拳比赛场面一般非常惨烈、血腥，虽然裁判能及时制止一些意外发生，但是这种比赛对运动员双方造成的伤害通常非常巨大，有些运动员甚至会因此残疾。

另外，裹缠绷带、佩戴拳套对运动员手部也起到非常重要的保护作用，能在很大程度上避免产生手部伤残问题，所以运动员可以放心大胆地挥拳，带给大家精彩、激烈的比赛。拳手们长年累月击打重沙袋等训练器械，提高了掌骨、腕部的耐冲击性，所以习练现代搏击的运动员很少像传统武术习练者那样去刻意练习铁砂掌。

传统武术习练者预设的技能使用场景不同于擂台比赛，大多数时候没有护具防护。传统武术先辈们很早就发现了这个问题。工欲善其事，必先利其器。经过一代又一代人的实践摸索，先辈们创造出了多种以增强手掌硬度为目标的训练项目，以便在更有效地打击对手的同时保护自己的手部。

远节指骨

中节指骨

近节指骨

第2掌骨

籽骨

第1掌骨

小多角骨

大多角骨

手舟骨

月骨

桡骨

第3掌骨

第4掌骨

第5掌骨

钩骨钩

钩骨

头状骨

三角骨

豌豆骨

尺骨

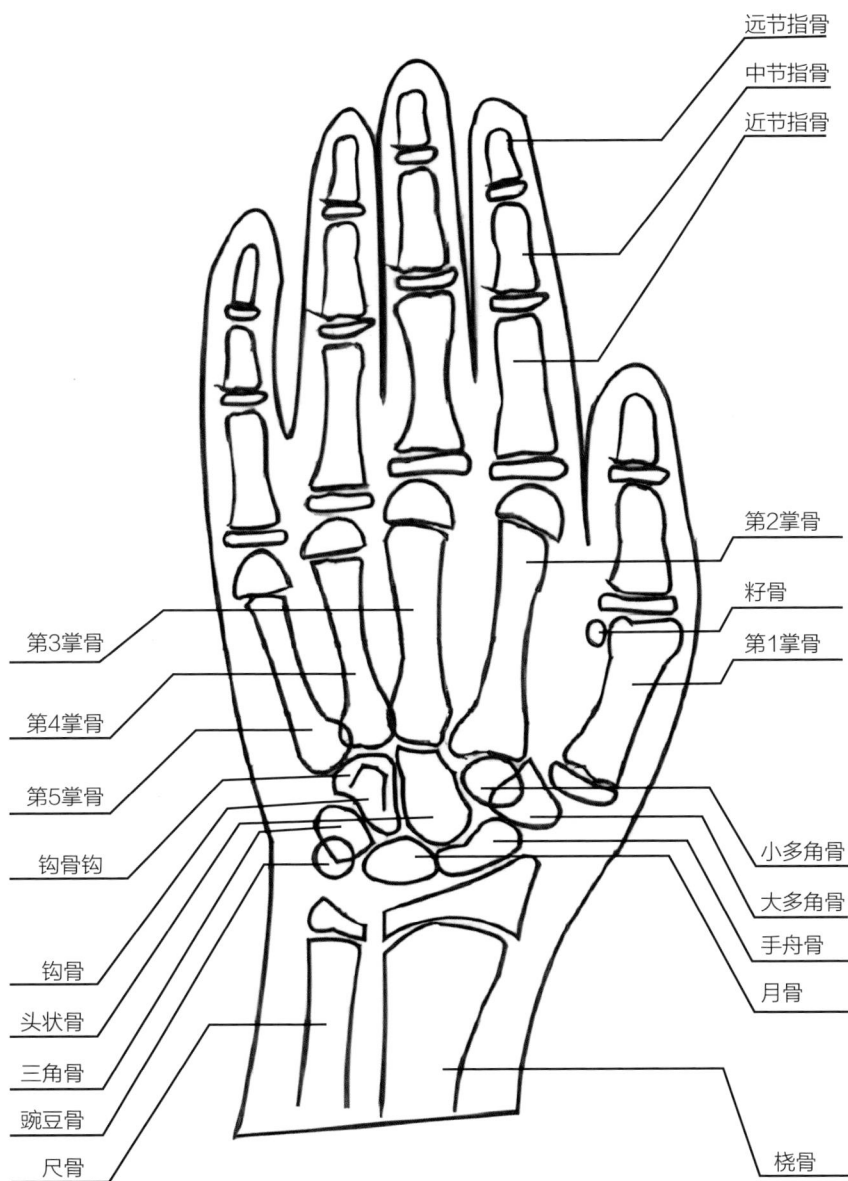

　　传统武术十分重视手臂和手掌硬度的训练，各流派都有操桩打袋的练习内容，这些都属于排打。练习方法大致相似，如打较硬的树桩的拍打、扳打、切打等手法，练习手臂的三靠臂，打绿豆布袋的摔掌、拍掌等。练习时要求从腰身到手臂、手掌不能僵硬，肌肉不能刻意绷紧，要搂臂合腕，自然松沉；接触击打物的一刹那，着力部位肌肉自然紧张，从而与击打物产生对抗。练习时，击打力由轻到重，循序渐进。练习完毕，还要做相应的按摩放松，具体方法可以参考顾汝章铁砂掌练习法。这样长期练习下来，既能增强手部骨骼整体结构的耐冲击性，也能增强手部肌肉力量，手掌也会慢慢变得厚重，但手部肌肉不是那种硬邦邦的肌肉，平时放松时肌肉摸起来是软的。击打物体表面时，由于长期训练形成了肌肉记忆，手部肌肉会自然绷紧，从而对手部骨骼产生很好的保护作用，同时也能极大地增加威力。即便是这样，我们也应秉持拳打软、掌打硬的原则，轻易不去硬碰硬。

　　笔者认为铁砂掌的训练应适可而止，应该把更多的精力投入功力、技法的训练当中。摔掌拍袋就好比把手掌练成利斧、铁锤，但这只是基础，怎么合理运用以便发挥出它该有的威力，才是最重要的。把大部分甚至全部精力投入这一方面，十年纯功练就一双铁拳确实十分难得，但是若到头来只能用于开砖碎石的表演以娱众人，实属舍本逐末，脱离了武术的本质，这何尝不令人惋惜！此外，我们习武是为了强身健体，从而更好地工作、生活。那些会导致手部畸形的训练方法，笔者认为不应该受到推崇。

十、八极拳的挨、傍、挤、靠

八极拳作为一种历史悠久的武术流派，其近身格斗技术在武术界具有鲜明特色和崇高声誉。然而，在实际格斗中，我们常常发现那些我们耳熟能详的挨、傍、挤、靠技术难以施展。这一现象的产生并非因为技术本身存在缺陷，而是源于我们对这些技术的模糊认知。为了使读者更深入地理解八极拳近身格斗技术，本节将对挨、傍、挤、靠技术进行深入论述与分析。

我们先来看挨与傍的技术。在八极拳中，挨意味着靠近、接触，是格斗双方建立有效攻击距离的关键步骤。而傍则侧重于靠近、贴近、跟随，以便在合适的时机发起攻击。这两种技术并非直接的攻击形式，而是通过对距离和身法的精准控制，为后续的攻击创造有利条件。在实际应用中，我们需要根据对手的动作和节奏，灵活调整自己的身法和步法，以实现有效的挨、傍。

接下来，我们来探讨挤与靠的技术。在八极拳中，挤是挤压、排斥、逼迫、推动，旨在破坏对手的重心和行动空间。而靠则是倚靠、接近，旨在利用身体的力量和重心的变化给对手施加压力。这两种技术虽然看似简单，但在实际应用中需要极其精准的判断和细腻的技巧。我们需要根据对手的实际情况，选择合适的时机和角度进行挤、靠，以达到最佳的格斗效果。

值得注意的是，八极拳的挨、傍、挤、靠技术并非孤立存在，而是整个格斗体系的重要组成部分。各项技术之间相互联系、相互依存，共同构成八极拳近身格斗技术的核心。因此，在学习和实践中，我们需要将这些技术作为一个整体进行理解和掌握，以便更好地发挥它们的威力。

此外，为了系统掌握八极拳的格斗体系，我们还需要正确认识这些技术的内涵和特点，并进行针对性的训练。我们需要通过不断的实践和经验积累逐渐提高自己的身法、步法和技巧水平，以便在实际格斗中灵活运用这些技术，进而取得胜利。

综上所述，八极拳的挨、傍、挤、靠等近身格斗技术是一个复杂而精妙的技术体系。我们需要通过深入的理解、训练和实践逐渐掌握其精髓，这样才能发挥其威力。同时，我们也需要保持开放的心态，不断吸收新的知识和经验，以完善自己的格斗技能。

十一、八极薪传

六　练

一练拙力如疯魔，二练软绵封闭拨。

三练寸接寸拿寸出入，四练自由架势懒龙卧。

五练五脏气功道，六练筋骨皮肉合。

八极拳"六练"是前辈指明的修炼之路。

一练拙力如疯魔

这是我们习练八极拳的第一个阶段。我们要明白，它不是让我们练就一身拙力，而是练去一身拙力，这一点很重要。这一练很明确地指出了八极拳应从"刚"入手，练拙力可以增肌健骨、强身生力，这是筑基阶段，但这不是我们的最终目标。由于知道练拙力是为了去拙力的道理，很多习练者对这一练不够重视，致使拳松散有余而骨力不坚。要知道，八极拳习练的过程是严谨而充满智慧的，它以拙生巧，以刚强入松沉，要如疯似魔般练至极刚而后柔，最终达至刚柔兼备而后六合。所以，这一练是基础，也是顶峰，习八极拳者应该认真对待它。

二练软绵封闭拨

这是一个由刚强至柔和的阶段。要注意，这里的软绵代表的是一种状态，是放下刚强的状态。而封、闭、拨是一种形态，是所习练的拳姿与招式。如果给这些形态，或者说招式加上属性，我们会发现它们都属"阴"。为什么先辈们不说"二练软绵开、展、放"呢？因为软的状态以吸收、柔化为主，而一练拙力的刚强很难满足封、闭、拨的需要。所以，二练利用某种形态或招式，逐渐由刚至柔，这是一个过渡阶段。在这个阶段，很重要的一点就是我们要放下一练那种至刚的意识，然后才能达到真正的至刚。

三练寸接寸拿寸出入

这是学以致用的关键阶段。如果说你练拳的本意是表演或者参加套路比赛，那一练和二练就够用了，因为此时你已经具备了出拳有力、动作舒展撒放的表演能力。但是，如果要学以致用，就要在三练上多下些功夫。"接"即应对，"拿"即控制，"出入"即收放，"寸"即微小。第三练就是为了让我们学会用极其微小的动作来应对、控制、防守和进攻，这是一个很值得深入研习的过程。寸接寸拿可从八极对接中体悟，寸出寸入的寸力还须从八极拳的小架中揣摩。要注意，这里的寸力不是只打出一寸之力，而是在一寸的发力距离上打出。当你收回拳头再打出去时，拳的威力会更大。

四练自由架势懒龙卧

这一阶段看似是前三练的延续，但其实它是一个全新的开始。在这一阶段要习练的是摆脱拳势、拳架、招式的束缚（当然是在你熟练前三练的情况下），从心所欲，着意而无意。此时，你可能会忘记你练过的拳，但你会把很多拳势在无意中演练出来，不着意去想的话，很难演练出一套完整的套路，这就是自由架势。"懒龙卧"是一种状态，更是一种心态，它与一练中的"如疯魔"形成了鲜明的对比。龙是传说中的神异动物，能飞能走，可翻云覆雨，可幻化万千，是无所不能的神兽。而"懒龙卧"就是让我们在习练自由架势的时候如同慵懒之龙，不张牙舞爪，不拧眉立目，要收敛，要平和。所以，四练更多的是一种心态的修炼。

五练五脏气功道

这一阶段是对人体内在的一种修炼。练武人常说外练筋骨皮，内练一口气，而这一口气如何去练？八极拳的第五练说得很明确，那就是利用气功之道去修炼。气功是中国人独有的一种修身方法（这里说的气功，是指中国自古就有的，包含呼吸吐纳、导引、修道、坐禅等修身养性功法，是对人体有益的气功，而不是现在很多假大师忽悠人的那种气功）。学习气功之道，能够帮助我们健五脏六腑、通周身血脉、锻炼意识活动、提高生理机能。这说来简单，但对习练者来说又是一项全新的挑战。诸多习武前辈对此有多般体会，但这个课题太过深奥，感兴趣的朋友可自行研究。

六练筋骨皮肉合

从外到内，从功法、劲法、招法到心法、精神、意识和气息，几乎都已囊括在前五练之中了。第六练其实不能称作练，它是前五练的总和，是将心、意、气、力、法集于一身的修炼。如果前五练做到并做好了，筋骨皮肉自然就和谐统一了，即我们练拳人常说的"已入化境"，依太极拳来说，就是"阶及神明"了。因此，笔者认为，第六练是我们习武之人一生的追求。

总之，前五练是方式和方法，而第六练是我们追求的目标。前辈先贤用亲身经历告诉我们，八极拳六练是一条历练之路，是对我们身与心的一次次磨砺与洗礼。每一练都没有终点，只有不断练习，你的技艺才会越来越好。在习拳的道路上，就是一次一次地从头再来，而每一次都是全新的开始，让我们为了最终的目标不断前行。

后 记

提及八极，人们最先想到的就是，它是一种拳术。在长达三十多年的武术修习中，我逐渐领悟到前辈以"八极"命名这种拳术的深远用意。"八极"已超越了单一拳术的范畴，成为一种文化标志、一种信仰、一种精神。当太极拳以东方阴阳哲学的辩证思想在全球广泛传播时，我想到了八极——它蕴含着接纳与包容。

我的师父曾言，开门八极拳讲求开门广纳。此言让我豁然开朗。"八极"一词蕴含着无限广袤之意，涵盖时间与空间，其博大精深令人赞叹不已！我对前辈以"八极"命名拳术的智慧深感敬佩，眼前浮现出一位博学、豁达、睿智的老者，他对武学的思考令人动容。

武术发展到今天，已不仅仅是一种原始的生存技能，更承载了丰富的文化内涵。在现代搏击事业蓬勃发展之时，中国传统武术却遭遇了一场深重的危机。

然而，危机往往也是转机。当部分传统武术爱好者感到沮丧和落寞时，更多的武术人开始反思与自省。正所谓"知不足，然后能自反也；知困，然后能自强也"，这正是中国传统武术未来发展的希望所在！

八极武道，海纳百川，兼容并蓄。我们应传承并传播中国传统武术的文化与技艺，接纳并吸收现代搏击运动的科学理念。我愿与新一代武术爱好者分享经验与心得，共同学习进步，为中国传统武术的发展贡献绵薄之力。

仇宝龙

2024年9月

人文武术精品书系　武

北京科学技术出版社

百家功夫丛书

功夫探索丛书

内家拳的正确打开方式	刘杨 著
内家醍醐	刘杨 著
借力——太极拳劲力图解	戴君强 著
武学内劲入门实操指导	刘永文 著
武术的科学：实战取胜的秘密	〔日〕吉福康郎 著 宋卓时 译
格斗技的科学：以弱胜强的秘密	〔日〕吉福康郎 著 宋卓时 译
借势：武术之秘	沈诚 著
太极拳肌肉解剖图解	〔西〕伊莎贝尔·罗梅罗·阿尔比奥尔 等 著 刘旭彩 胡志华 译
内家拳几何学：三维空间里的劲与意	庞超 著
太极拳新解	〔美〕罗伯特·查克罗著 解乒乒 丁保玉 译

拳道薪传丛书

三爷刘晚苍——刘晚苍武功传习录	刘源正 季培刚 编著
乐传太极与行功	乐匋 原著 钟海明 马若愚 编著
慰苍先生金仁霖太极传心录	金仁霖 著
中道皇皇——梅墨生太极拳理念与心法	梅墨生 著
杨振基传太极拳内功心法	胡贯涛 著
卢式心意拳传习录	余江 编著
习练太极拳之见闻与体悟	陈惠良 著
廉让堂太极拳传谱精解	李志红等 编著
武当叶氏太极拳	叶绍东 何基洪 蔡光复 著
无极桩阐微	蔡光复 蔡昀 著
功夫上手——传统内功太极拳拳学笔记	陈耀庭 著 霍用灵 整理
会练会养得真功	邵义会 著
八极心法——传统八极拳，现代研修法	徐纪 著
犹忆武林人未远——民国武林忆旧及安慰武学遗录	安慰 著 阎子龙 田永涛 整理
推手践习录	王子鹏 著
刘纬祥形意拳雏释	马清藻 著 马道远 马彦彦 整理
大道太极：太极拳道修诀要	黄震寰 著
我跟芗老学站桩——六十年站桩养生之体悟	程岩 著